OBJETS DE LA MODE

Françoise VINCENT-RICARD

OBJETS
DE LA MODE

Photographies de François BOISSONNET

Éditions DU MAY

Remerciements tout particuliers • à Michel Thomas • au Printemps • au musée des Arts de la Mode, Union française des Arts du Costume et département Textile • à Yves Saint Laurent, Chanel, Pierre Cardin, Christian Lacroix, Azzedine Alaïa, Rochas, Courrèges, Paco Rabanne, Roger Vivier • à Kenzo, Issey Miyaké, Jean-Charles de Castelbajac, Chantal Thomass, Hermès, Cartier • à Cacharel et Indreco • à Old England et au Bon Marché • aux magazines *Vogue, Elle, Marie-Claire* • à la librairie Tee Pee • à Marielle Segal (USA).

Dessins : Aurore de la Morinerie

© Éditions du May, 116, rue du Bac, 75007 Paris
Novembre 1989 ISBN 2-906450-36-7

Remerciements au studio Quai de la Loire
Photo p. 8 : Gilles Tapie

Chaque maison de famille possédait autrefois un grenier avec de vieilles malles où étaient enfouis des dentelles, des tissus, des châles et des vêtements. Les petites filles y trouvaient des trésors pour habiller leurs poupées, les garçons y prélevaient les tissus de leur théâtre guerrier. Parures d'un soir, tenues d'uniforme ou habits de cérémonie, ces objets de mode faisaient le bonheur des enfants qui les exhibaient avec l'humour de leurs jeux-déguisements, voulant mimer le monde des parents.

Ces vêtements ont depuis peu repris une valeur d'actualité en devenant accessoires des looks branchés, mêlant avec bonheur l'ancien et l'inédit. Ils sont devenus aussi des témoins privilégiés que l'on étudie, que l'on expose parce que leur histoire et leur vie sont indissociables de celle de la société qui les a vus naître et de la personnalité qui les a habités. Marcel Proust notait : « Chez Mme de Guermantes, la tenue n'était pas seulement un ornement de la beauté, mais une extension de son corps. » « Mettre » ou « porter » un vêtement pour se parer, s'accoutrer, le langage rend compte des rapports subtils que l'on entretient avec son vêtement. Il fait tellement corps avec nous-mêmes que l'on parle de l'allure d'un ensemble, de la chair d'une robe, de la vie d'une étoffe ou du corps d'un vêtement. Si l'habit fait corps avec l'individu, il fait corps avec le groupe, la mode devenant une expression du comportement collectif. Ainsi, la mode ne se contente-t-elle plus de ses mots, de son vocabulaire du métier, de son langage spécifique ; elle est devenue discours. Elle discourt sur elle-même, mobilisant les médias, proclamant ce qui est beau, ce qui doit être porté, s'exposant chaque saison. Elle n'est plus l'apanage d'une élite ; elle rythme désormais la production massive d'objets « prêts-à-porter », donnant un sens à ce qui est dans l'air du temps pour en faire le moteur d'une production industrielle.

Comment alors sélectionner dans cet immense réservoir de l'éphémère les objets de référence, ceux qui demeurent indémodables, décisifs, exemplaires ? Car l'expression « à la mode » induit immédiatement le mot « démodé », à la différence de ces objets « hors mode », atteignant une signification symbolique qui les met hors

Levi Strauss

d'atteinte du temps. C'est le cas de certains vêtements marqués du sceau de l'authenticité, objets quintessentiels servant de repères. Dans cette quête d'objets de la mode, la matière est un premier repère, racontant l'histoire de ces étoffes qui furent les fils conducteurs de l'histoire du vêtement. Certains tissus ont précisément « tissé » l'histoire de l'humanité et restent encore des objets de mode au XXᵉ siècle. Ils ont emprunté, tels les cachemires et les indiennes, les grandes routes de commerce comme la route de la soie, liens privilégiés entre les continents et leurs civilisations. Certains dessins actuels intègrent encore des éléments d'anciens motifs devenus archétypes, trame de notre mémoire créatrice. Ils marquent bien la continuité de la création à travers les âges. Les stylistes de mode du XXᵉ siècle ont périodiquement fait resurgir ces sources très anciennes, et les créateurs des années 80 ont plus que jamais joué avec ces nouveaux aspects, ces nouveaux touchers qui conditionnent le tombé, le plissé, le drapé, la structure des vêtements. Sans tweed sauvage et souple, pas de tailleurs Chanel ; sans plissé ondulé sur soie, pas de robe Fortuny ; sans mélange subtil laine et cachemire, pas de jersey nommé « désir » pour Sonia Rykiel ; sans Lycra extensible, pas de robe « seconde peau » pour Azzedine Alaïa ou Jean-Paul Gaultier.

Cette qualité qui fait d'un vêtement un objet de référence lui vient parfois de ses origines, de son identification à un espace, à une culture locale, à un environnement. Ainsi, le jean, associé à la conquête de nouveaux espaces, aux aventures pionnières, est devenu synonyme d'Ouest américain. Les pulls marins qui jalonnent la façade maritime de l'Europe du Nord présentent selon les régions des motifs différents, signes de reconnaissance et d'identification de l'origine du marin qui les porte. Véritables passe-ports avant la lettre, ces dessins des îles Shetland, d'Irlande, de Suède, restent encore des références pour les créateurs contemporains. Le loden, vraie protection contre le climat rude des montagnes, est caractérisé par son vert, couleur des vastes forêts tyroliennes dont il est originaire, et par sa forme ample convenant à la marche dans ces régions alpines. Et c'est dans le patrimoine des provençaux – ces indiennes qui

Azzedine Alaïa/Collection U.F.A.C.

arrivaient autrefois par le port de Marseille, adaptées aux coloris ensoleillés du sud – que Christian Lacroix, issu de cette terre de Provence, peut trouver son inspiration.

Une autre constatation s'impose : pour acquérir cette stature d'objets de référence, il a fallu bien souvent la rencontre d'un individu, d'une personnalité, au carrefour d'un savoir-faire et de besoins nouveaux. Ainsi, le champion de tennis Robert Lacoste réussit l'alliance du confort pratique et de l'élégance sophistiquée. Thierry Hermès, artisan arnacheur, met son art au service des beaux équipages, et crée dans la foulée des bagages piqués sellier. Arthur Liberty, vendeur de tissus, adapte les tendances de l'Art nouveau à sa propre collection. Adolphe Lafont utilise le vêtement de chantier pour créer une salopette multipoches. Burberry, réalisant la qualité d'usage des vêtements de bergers du nord de l'Angleterre, a l'idée d'en faire une adaptation confortable et esthétique. Il en est ainsi de Jean Cacharel, Louis Vuitton, Roselyne Repetto et de beaucoup d'autres. Les artisans de génie sont bien souvent devenus de grands capitaines d'industrie.

Mais la mode ne prend sa dimension d'art à part entière que lorsqu'un créateur donne libre cours à l'expression de son désir et de son talent. Il crée alors des objets mode ayant valeur de modèle et de symbole. Ainsi, à partir de l'authenticité de son art, il justifie toutes les échappées vers le nouveau, le jamais vu, l'original, l'excentrique, voire la caricature. Cette conjonction unique de beauté, d'élégance et d'humour nous est offerte par les noms magiques de la haute couture et des créateurs. Les puristes, comme Gabrielle Chanel et Yves Saint Laurent, élèvent les vêtements basiques au rang d'œuvres de haute couture, mêlant invention et élégance, luxe et discipline de coupe. Des architectes du vêtement révèlent les tendances nouvelles, comme Balenciaga, précurseur de la robe-sac, Cardin, révolutionnaire des volumes, Courrèges et sa ligne cosmonaute, Paco Rabanne et ses robes métal. Les créateurs plus récents, tels que Claude Montana, Thierry Mugler, Azzedine Alaïa, Chantal Thomass, Marité et François Girbaud et beaucoup d'autres mêlent, dans une alchimie contemporaine,

humour et retenue, tradition et provocation, pudeur et érotisme, fonction et dérision. C'est de la maîtrise de ces jeux de séduction que naissent les découvertes authentiques des créateurs.

Ces repères qui jalonnent le territoire de la mode se conjuguent avec l'existence de tendances issues des cultures de trois continents : l'Amérique, le Japon, l'Europe ; trois pôles de référence pour la mode contemporaine, qui recouvrent une manière différente de vivre le vêtement.

Ainsi, la culture américaine a créé un objet d'usage, à partir d'un vêtement fonctionnel correspondant parfaitement à l'esprit pionnier du nouveau monde : le jean 501. Le succès, mais surtout la pérennité de cet objet de mode, sont fondés non seulement sur sa fonction d'usage incontestable, mais avant tout sur les mythes qu'il représente. Il prend racine dans la conquête de l'Ouest et reste le témoignage d'une des dernières grandes aventures pionnières. Vêtement des grands défis, de la rude vie quotidienne, compagnon fidèle des rêves d'un monde nouveau, le jean a traversé le temps jusqu'à nous. Au cours des années 60, il est devenu le vêtement symbole d'une jeunesse révoltée contre les codes et les contraintes, et trouvant en lui l'exact pendant à ses aspirations. Le jean est le seul vêtement porteur de message des deux composantes sociales opposées ayant marqué le XXᵉ siècle : la conquête d'un monde nouveau et de sa richesse, puis le refus de la société de consommation et de l'aliénation.

La culture japonaise, elle, a créé un objet de tradition, le kimono. Lié à l'austérité de la culture zen, à la gestuelle pure et dure des guerriers samouraïs, le kimono est par nature un vêtement dépouillé, travaillé noblement. A l'inverse de l'Occident où l'on a toujours cherché à modeler le corps, il s'agit au contraire pour l'Orient de le cacher, en créant un espace autour de lui. Un kimono prend appui sur le corps sans le laisser paraître. Des créateurs japonais venus en France, tels Kenzo et Issey Miyaké, n'ont rien oublié de leur héritage culturel. « Porter un kimono oblige à penser à sa façon de

marcher, de s'asseoir et ceux qui veulent l'adopter doivent d'abord embellir leur esprit », assure Issey Miyaké ; c'est à partir de cet état d'esprit qu'il va décliner tout un répertoire de formes modernes, avec des coupes rectilignes, des pièces d'étoffe démesurées, des tissus sobres, à l'aspect simple, mais qui sont en fait le résultat d'une technique très savante. Grâce à cette coupe, à ces matières, la notion de volume prend une tout autre signification. Comme le souligne Kenzo : « J'ai délibérément cherché à créer des formes non structurées, à introduire une ampleur nouvelle, en m'appuyant sur la technique des kimonos. »

La culture européenne, elle, crée des objets de séduction, les drapés près du corps : des vêtements raffinés, sensuels, inspirés de toute la culture du bassin méditerranéen faite d'équilibre et de séduction. En Occident, le vêtement se fait le double du corps, il en dessine l'existence. Par ces découvrements, ces ajustements, le vêtement découle d'un travail précis, à seule fin de suggérer, cacher, dénuder, souligner telle ou telle partie. Dans ce jeu subtil, la mode se doit de ne pas mettre en valeur tous les aspects du corps à la fois.

Avec Paul Poiret, au début du XXe siècle, le galbe du corps commence à apparaître sans les artifices trompeurs utilisés jusque-là. Ses robes sont inspirées du classicisme grec. Ce drapé-plissé inspiré des statues antiques libère les formes pour envelopper le corps. Il a, par la suite, donné lieu à tout un jeu d'écharpes nouées à la taille, aux hanches, comme celles que portait Isadora Duncan, donnant une allure libre et dansante, reprise par les créateurs d'aujourd'hui.

Madeleine Vionnet, dans les années 1920-1930, s'inspirera à son tour du drapé antique, mais d'une manière plus libre. L'élégance incomparable des robes Vionnet reste un modèle de précision, d'équilibre et d'harmonie. Elle avait été surnommée « l'Euclide de la mode », tant la simplicité de ses découpes géométriques, réalisées à partir du biais du tissu, avait séduit. Avant elle, une robe donnait le maintien au corps... Pour elle, « une robe n'existe que par le corps qui la fait vivre ».

Ce souci de la coupe, on le rencontre chez les créateurs contemporains. Certains s'y consacrent avec passion

9

comme Azzedine Alaïa, travaillant ses modèles à même le corps, cherchant avec les ciseaux un vêtement qui moule étroitement la silhouette – cuirs sculptés, jerseys aux découpes savantes, jeux de zips ; il crée un style sexy moderne, structuré, suffisamment élégant pour que la provocation apparaisse comme calculée et contrôlée.

Ces tendances marquées par chaque culture se retrouvent modulées réciproquement d'un continent à l'autre. Le jean est détourné avec l'humour méditerranéen de Fiorucci qui baptise 105 son inversion de l'authentique 501. La coupe des kimonos japonais a influencé bien des créateurs européens qui substituent l'idée de volume à celle de corps souligné. La modernité de Madeleine Vionnet est telle qu'Issey Miyaké la considère comme son maître absolu.

Les objets de la mode recensés dans ce livre sont ce que l'histoire récente et la mémoire ont retenu – fruits de savoir-faire ancestraux, de cultures millénaires dans le domaine du tissage, des formes ou des dernière avancées technologiques. Ils racontent ce qu'il y a de plus essentiel chez l'homme : au-delà du besoin primaire de se vêtir, celui de se parer, de séduire, de jouer avec les signes de l'apparence. Si les formes sont éphémères, le jeu, lui, est permanent. Et parce qu'essentiel, il s'arrête à quelques objets, les élisant entre tous comme les objets dont il ne peut se passer, les objets de la mode.

FRANÇOISE VINCENT-RICARD

LES PROVENÇAUX

Ils se confondent si bien, pour nous, avec les couleurs de la Provence qu'on a oublié l'origine de ces imprimés. Ils sont en effet dérivés des indiennes qui envahissent l'Europe au XVIᵉ siècle par le port de Marseille. Art millénaire, pratiqué aux Indes par des artisans qui savent exprimer le mysticisme propre à l'âme indienne, par

l'évocation de jardins en miniature, avec un art consommé des impressions colorées. Mais Marseillais et Provençaux s'emploieront à arracher à l'Orient ses secrets et dès 1677, on voit apparaître à Avignon les premières indiennes locales. Au XIXᵉ siècle, les petites fabriques provençales disparurent victimes de la mécanisation. Quelques décennies plus tard, un homme du pays, Charles Demery, ne s'y était toujours pas résigné. En 1938, il reprit le flambeau et créa la firme « Souleiado », pour laquelle il remit à l'honneur l'impression des tissus à la planche à bois des moules. Il crée à Tarascon une véritable entreprise en fusionnant les quelques rares petits ateliers de la région, gardiens de la tradition. Alphonse Daudet prétendait que « tout le monde en France est un peu de Tarascon » ; depuis la réussite éclatante de Christian Lacroix qui assortit ou désassortit savamment ses imprimés provençaux pour en faire des robes somptueuses, on peut dire que le monde entier est un peu d'Arles et de Tarascon.

Christian Lacroix

11

LE CACHEMIRE

Une légende moghole raconte que tout vêtement de cachemire peut passer à travers un anneau. Cette qualité légendaire n'est pas un mythe : ce tissu est la plus belle et la plus fine laine du monde. C'est en 1664 qu'un voyageur occidental s'émerveille de la délicatesse de ces moelleuses étoffes fabriquées dans les hautes vallées

du Cachemire sur les contreforts de l'Himalaya. La nature protège le ventre des chèvres contre le froid d'une très fine fourrure de laine. Avec deux mille à trois mille fils montés en chaîne, les artisans tissent ces étoffes que l'on nommera « cachemire » dès le XVIIᵉ siècle. Leur graphisme très particulier donna naissance à un style de dessin bien défini : la palette cachemire, symbole de la vie, de la prospérité, de la plénitude, un monde stylistique dont l'influence ne s'est jamais démentie. Grandes et petites figures se conjuguent étroitement pour donner un rythme indéfini de motifs répétitifs et de motifs placés.

Ces étoffes servaient à réaliser des châles (*shal* en hindi), chacun représentant le travail de deux hommes sur un métier pendant dix-huit mois.
L'apparition du métier jacquard en Europe à partir de 1820 va permettre la fabrication en série de motifs façonnés dans de multiples variations. La vogue des châles suivra de peu cette innovation technique. On ira même jusqu'à imprimer à Mulhouse de grandes séries, moins onéreuses, sur de simples étamines de laine. Plus soucieuse d'authenticité et de luxe, la reine Victoria, par le traité signé en 1846 avec le maharadjah du Cachemire, recevra chaque année, un cheval, vingt-cinq livres de laine cachemire et trois paires de ces merveilleux châles.
Un cadeau royal.

Collection U.F.A.C.

LE PLISSÉ FORTUNY

« De toutes les robes que portait Madame de Guermantes – écrit Marcel Proust – celles qui semblaient le plus répondre à une intention déterminée, être pourvues d'une signification spéciale, c'étaient les robes Fortuny. » Fortuny, un magicien de Venise ? Espagnol, né à Grenade en 1871, Mariano Fortuny, peintre reconnu, s'installe

à Venise en 1899 sur le Grand Canal. Fasciné par la remarquable collection de tissus de sa mère, il crée bientôt sa première étoffe-vêtement : un long rectangle de soie pure, appelée écharpe « Knossos », dans lequel se drape Isadora Duncan. Puis il travaille sur les tissus la fabrication et le mélange des couleurs, créant une palette somptueuse avec les cochenilles d'Amérique du Sud pour le rouge, la paille de Bretagne pour le jaune et l'indigo des Indes pour le bleu.

Poursuivant leurs recherches, Henriette et Mariano Fortuny contemplent à Delphes la célèbre statue de l'Aurige : c'est le choc d'où va naître le célébrissime plissé Fortuny avec la première robe « Delphos ». Bien sûr, Poiret avait mis le drapé-plissé à l'honneur, mais de 1907 à sa mort, quarante-deux ans plus tard, Fortuny créa de nombreuses déclinaisons de

cette robe, dont la non moins célèbre « Peplos », aux manches courtes, en ailes de chauve-souris.

Tout l'art de ces robes ne tient qu'à la matière.
L.P. Hartley en donne cette superbe définition : « Des plis denses, aussi rapprochés les uns des autres qu'un champ labouré. » Le procédé même de ce plissage reste encore aujourd'hui mystérieux. Si le brevet déposé par Fortuny l'oblige à dessiner un schéma, les experts n'ont pas encore percé son secret ; on sait seulement que les plis étaient formés à la main, probablement sur le tissu humide, maintenus par des coutures et retenus à chaud. Il est possible que le blanc d'œuf ait été utilisé comme empesage naturel : un plissé n'en reste pas moins ce qu'il y a de plus éphémère et fragile... sans parler du plissé ondulé.

Plusieurs soyeux lyonnais réalisent aujourd'hui, industriellement, un plissé ondulé permanent, dont ils défendent, à leur tour, jalousement le secret.

Fortuny/Collection U.F.A.C.

LE POLO

A l'origine issue de clubs de sport très fermés où l'on pratiquait le polo ou le cricket, cette chemise se porte aujourd'hui aussi bien à Neuilly qu'à La Courneuve, au bureau qu'en week-end. Cette apparente uniformisation n'a pourtant pas effacé de subtils signes distinctifs. Populaire, le polo se porte à manches longues, col fermé

avec ses trois boutons, en laine l'hiver ou en jersey synthétique l'été. Plus aristocratique, il affichera sa marque de noblesse, comme ce petit crocodile qu'arbore la chemise Lacoste depuis plus de cinquante ans : c'est en 1927 que René Lacoste endosse pour la première fois une chemisette de tennis à double maille, le fameux piqué Lacoste, en coton pur, absorbant et souple. Un nouveau look était né sur les courts, où l'on jouait alors en tenue de ville, pantalon et manches longues, cravate souvent. Portée d'abord par quelques amis de René Lacoste, puis mise au point avec précision après l'étude des gestes sportifs, la marque est déposée en 1933. Ce sera le début de l'aventure du label au crocodile : ce polo est resté immuable depuis ses origines. Seule la gamme des vingt et une couleurs varie et la hauteur du crocodile a été aménagée pour le modèle féminin car elle tombait à la pointe des seins.
Une impertinence qui frise l'insolence, mais qui convient tellement à ses origines.

Lacoste

LE TWEED

L'importance d'un fleuve ne se mesure pas forcément à sa longueur, et il est des rivières plus indispensables que certains fleuves au long cours. La rivière Tweed, trop négligée par les manuels de géographie et les atlas, joue un rôle essentiel et double en séparant l'Écosse de l'Angleterre et la laine de la peau de mouton. Ainsi naît le tweed,

fabriqué à partir d'un jeu de fils colorés en fibres courtes, à l'aspect moelleux. Au sortir de la cardeuse, la laine se présente en nuage duveteux, travaillé ensuite en filature avec des effets chinés, flammés, bouclés... Il faut trois jours pour fabriquer cinq mètres de ce tweed selon des techniques traditionnelles. Mais tradition ne veut pas dire immobilité et la modernisation des filatures qui se fit vers 1950 permit une industrialisation du tissage de la laine cardée, et donc de répondre à la forte demande. Cet engouement pour le tweed, Chanel le vérifia aussi par le succès que rencontraient ses modèles. Cependant, Coco Chanel, dans son exigence d'authenticité et de perfection, se fournissait chez un artisan-tisserand dans la plus pure tradition anglaise : Jeremy Spencer.

Dépositaire du savoir ancestral en la matière, il possédait à fond la technique du montage de chaîne sur ourdissoir, du choix fin et précis du bon peigne, de l'harmonie des gestes : accord des mains et des pieds pour battre le rythme, de la finition pour séparer chaque fil, doser un lavage, un feutrage, un rouissage, et terminer enfin par la pression à la vapeur, pour lier gonflant et à plat. Cet artisan sexagénaire a fort heureusement transmis et confié son savoir à une université londonienne : Farnham. L'une de ses élèves, la Française Véronique de la Taillade, travaille aujourd'hui avec les créateurs inspirés par la qualité de cette matière. Ainsi Jean-Charles de Castelbajac, Anne-Marie Beretta et Kenzo, entre autres, ont présenté des vestes et des plaids de tweed aux harmonies de couleurs et aux jeux de surfaces superbes. Un bel exemple d'intégration des techniques ancestrales au monde moderne.

Kenzo

LE TRENCH-COAT

Vêtement imperméable utilisé pendant la Première Guerre mondiale, d'où son nom de « manteau de tranchée », le trench a, depuis, poursuivi une carrière civile sans faille. Deux marques, anglaises bien sûr, occupent les premières lignes : Aquascutum, plus connu des spécialistes que du grand public français, et Burberry, devenu

pratiquement nom commun. C'est en 1856 que Mr. Burberry constate que la matière utilisée par les bergers de son pays (une houppelande de lin imperméable, tissé serré) était parfaitement adaptée à sa fonction : une protection contre ce climat nord-anglais. L'idée lui vient de faire fabriquer un tissu gabardine sur les mêmes bases, remplaçant ainsi l'immortel caoutchouc MacKintosh, pour faire face au vent et à la pluie. Il faudra la guerre des tranchées pour donner à ce vêtement son nom de guerre...

puis son nom civil. L'image de Humphrey Bogart, comme celle de Chaban-Delmas, en trench-coat mastic pour l'un, vert bouteille pour l'autre (celui des surplus de l'US Army), en est une bonne illustration. Il y aura, au cours des années 60, parfaite adéquation entre fonction et imagination junior quand Christiane Bailly, jeune créateur de l'époque, lance le style-junior-trench-coat avec boléro cache-épaules. Issu des tranchées, ce vêtement ne pouvait se contenter d'une guerre de position ; aussi, bien qu'indémodable, le trench pense à l'an 2000. Ses défenses seront en microfibres – si fines que la molécule d'eau apparaîtra gigantesque –, un réseau si serré que, si l'on agrandissait à taille égale la gabardine du trench de Bogart de 1950, ce tissu apparaîtrait aussi lâche qu'un filet de pêche.

LE JEAN

Le terme jean vient du mot *genoese* (génois anglais), tissu de coton fabriqué à Gênes dès 1567. Il était teint avec l'indigo, extrait des feuilles de l'indigotier. C'est au XIXe siècle que la ville de Nîmes produisit des serges destinées aux bâches. Les colons en route vers l'Ouest américain couvrirent leurs chariots de cette toile de bâche, qui

donna à Levi Strauss l'idée de mettre au point un pantalon inusable pour les chercheurs d'or agenouillés dans les cailloux des ruisseaux, et pour les cow-boys qui s'occupaient de bétail. Ce tissu des pantalons jeans devint le « denim », déformation raccourcie des mots serge-de-Nîmes. L'Europe découvre le jean après la guerre, quand des millions d'Américains le portent déjà. Les juniors s'en emparent pour s'identifier au James Dean de *la Fureur de vivre*. Aujourd'hui, il se vend plus d'un billion de jeans de par le monde, toutes marques confondues !

Le seul vêtement qui marque réellement le XXe siècle, c'est bien le jean... support de toutes les fantaisies possibles : broderies, découpes, cloutages, délavages... Et si l'appel de l'Ouest s'est éteint, si les chercheurs d'or ont remisé leurs rêves, il reste de tout cela le témoin d'une aventure, le pionnier des conquêtes passées : le 501.

Levi Strauss

LE T-SHIRT

Avec sa lettre T qui lui donne sa forme et son nom, cet objet neutre et universel est devenu le vêtement absolu du XXᵉ siècle. Vêtement des marines américains pour lesquels les services de l'armée l'ont conçu en 1943, il a été dessiné, codifié, programmé comme une machine de guerre. La paix revenue, le T-shirt quitte les épaules des

soldats et aborde la vie civile par les « surplus » américains. Son prix très bas, son association à l'image des vainqueurs contribuèrent à son succès. Mais c'est en 1957 qu'il s'impose grâce au star system ; Marlon Brando dans *Un tramway nommé désir* l'exhibe en rebelle sensuel ; James Dean, plus tard, le fait accéder au rang de symbole de toute une jeunesse ; enfin Jean Seberg le porte superbement sexy dans *A bout de souffle*, avec, déjà, une inscription : *Herald Tribune*. Les techniques de transfert d'impression vont permettre l'affichage sur les T-shirts de la plus monumentale logorrhée – 1,8 billion de T-shirts sur la poitrine des Américains en 1986 – pour exprimer humour, violence, appartenance, culture, refus, sensibilité... Le T-shirt devient porteur de tous les messages. Et de 50 cents, son prix en 1944, il peut aujourd'hui coûter 147 dollars, en soie, chez Ralph Lauren. Quelle ascension sociale pour ce vêtement issu du régiment, qui sut, à l'occasion d'une guerre, conquérir SA lettre de noblesse.

Fruit of The Loom

LE LIBERTY

Arthur Lazenby Liberty était simple vendeur de tissus vers 1862 lorsqu'il reçut la révélation, lors d'une exposition de dessins d'étoffes japonaises. Victoria régnait alors, et le Japon s'ouvrait vers l'Occident. Alliant le bon goût à un solide sens pratique, il prend aussitôt la décision d'adapter ces motifs floraux orientaux à l'Art

nouveau occidental. Le magasin qu'il ouvre sur Regent Street devient un lieu de rencontre à la mode où Oscar Wilde, William Morris et bien d'autres contribuent à la naissance du mouvement « Liberty Art Color ».
En 1889, Arthur Liberty arrive à Paris avec son style baptisé « Liberté » et obtient assez vite le même succès qu'à Londres. Mais il faudra le nouveau siècle, la fin d'une guerre et nombre de successeurs pour que Liberty évolue, dans la tradition, avec des séries de très petits motifs : ainsi, le « pea style », style petits pois, ou fleurs, feuillages et fruits, répétés à

l'infini sur des fonds clairs et foncés, un classique du genre, inspiré de l'exubérance florale des jardins anglais.
Les blocs de gravure sur bois des collections successives conservés et répertoriés ont permis à la maison Liberty de reprendre les motifs de base en faisant évoluer les couleurs, dans un souci de conserver une unité de style. De Cacharel pour les adultes à Bon-Point pour les tout-petits avec ses immuables robes à smocks, le style Liberty habille avec tradition parents et enfants depuis des générations : toutefois, la firme d'origine sacrifie, à de rares intervalles, au modernisme ambiant en éditant par exemple des imprimés post-modernes (grands motifs géométriques) de style Memphis (1982). On ne peut pas s'appeler Liberty sans s'accorder parfois un écart à la tradition.

Cacharel

19

LE BERMUDA

A l'origine pantalon court, adapté aux besoins d'une armée et d'une police devant affronter les climats chauds des colonies, le bermuda est devenu le vêtement civil des bataillons de vacanciers du monde entier. Impressionné par le célèbre short de l'armée des Indes britanniques, le gouvernement des Bermudes, au cours

des années 30, fier de partager avec le Royaume-Uni un état d'insularité et une même constitution, décide d'aller plus loin dans les références communes en adoptant ce modèle de pantalon pour ses fonctionnaires de police. Las, ce pantalon court, emblème d'une fonction de police exercée avec rigueur, deviendra sous ce climat short long, synonyme de vacances. Les Américains s'en empareront, et de la Floride à la Californie

l'imposeront comme nouveau style de vêtement « sport détente », esthétique, fonctionnel et décontracté. Le bermuda est né, adapté dans une gamme de tissus d'aspect et de toucher naturel, en matières authentiques et sobres, proches du style d'origine (toile, jean) mais aussi dynamiques, comme les carreaux madras, les seersuckers, etc. Autrefois limité à l'Empire britannique, ce pantalon court s'est imposé internationalement. Les Européens l'ont adopté pour son *casual wear* américain – littéralement « allure désinvolte » –, voulant sans doute par là oublier le passé guerrier et colonial de ce pantalon court, qu'ils continuent d'appeler short long.

Ralph Lauren

LE SEERSUCKER

La civilisation des loisirs aurait pu choisir le seersucker comme étendard. Plages ensoleillées, greens, soirées estivales, promenades, les lieux qu'il fréquente se situent en général entre les tropiques, bien que de juin à septembre on le rencontre aussi aux latitudes tempérées. S'il affectionne les ambiances de vacances, il ne rechigne

pas à se montrer dans certains bureaux, y introduisant en été une note élégante et décontractée rappelant les vacances toutes proches.

Ce tissu bien particulier présente en surface le contraste entre des rayures plates et des intervalles gaufrés. La capacité de contraction des diverses fibres utilisées permet cet effet de structure. Originaire de l'Inde où on le rencontrait comme tissu d'habillement et comme tissu d'ameublement, le seersucker a pour proches cousins les crêpes et les crépons issus de techniques voisines. Il migra dans les valises de l'Empire britannique pour apparaître dès le XVIIIe siècle aux soirées élégantes et chaudes des sujets de la Couronne... du moins ceux des colonies.

C'est ainsi qu'on le trouve dans le sud des États-Unis, habitué des villas sudistes, avant de vêtir les ouvriers noirs des plantations ; ils trouvaient là le tissu idéal, léger et infroissable convenant à leur unique vêtement avec lequel ils dormaient et travaillaient. C'est dans les années 30 qu'un certain Irwing E. Press, le patron d'une grande entreprise de confection, ayant dormi toute une nuit avec cette chemise « des pauvres » et la retrouvant impeccable au réveil, adopte aussitôt le seersucker pour ses chemises de ville et de sport. Les deux sexes s'emballent très vite pour ce tissu, matière idéale pour les tenues de sport-détente. Ainsi naît un style, associant élégance et décontraction, légèreté et confort, qui feront son succès auprès de tous ceux qui ne retiennent de l'année que les journées ensoleillées et les dates de vacances.

LE DÉBARDEUR

La mode tient sa vitalité d'un joyeux jeu de pillage. Toujours en voyage, elle furette dans les villes et les champs, copie, emprunte, détourne et brouille les cartes des genres établis. Elle s'amuse à exhiber ce qu'on cachait, ou à mettre au repos le vêtement de travail. C'est ainsi qu'elle a fait passer le débardeur des quais à la plage, deux

mondes qui s'ignoraient jusque-là, même s'ils se chauffaient au même soleil. Ce tricot collant de coton, sans manches, largement échancré et porté à même la peau est lié aux dockers, aux travailleurs de force, à l'ambiance des ports de commerce. Marlon Brando l'a fait entrer dans la mythologie des quais, des costauds des ports et des bagarres à coups de poing. Traditionnellement déjà, il traînait dans les guinguettes et chez les apaches.
Le débardeur est pourtant devenu un signe d'été et de féminité libérée. Il colle toujours à la peau, mais pour en révéler les formes libres. Il peut être aussi l'objet d'une inversion de fonction quand Jean-Paul Gaultier, en 1983, le met par-dessus les vêtements. Dessous-dessus, il marque la subversion des traditions et investit la féminité d'une composante masculine. Le soleil a suivi. Il brûlait les peaux que découvrait le débardeur sur les quais chauffés à blanc ; aujourd'hui, il les dore.

Irié

22

LE BLOUSON PERFECTO

Il est des noms qui décident d'un destin. Quand on s'appelle John D. Perfecto, qu'on est fils d'immigré italien installé à Oakland, aux Etats-Unis, il vous est donné plus aisément qu'à quiconque d'imaginer un blouson de cuir qui allie la rigueur impeccable de l'uniforme des pilotes d'armée à la séduction pure et dure des mauvais

garçons dans leurs équipées sauvages. Les rues des villes n'étant pas moins rudes à affronter à moto que les routes du ciel en bombardier, la firme Harley-Davidson s'empresse d'adopter ce blouson noir et fait de « Perfecto » une de ses marques sous-traitantes. Après l'azur, le macadam, après le ciel, l'enfer : le blouson Perfecto devient l'emblème des Hell's Angels. Rachetée par les frères Schott en 1954, l'usine continue de fabriquer le modèle d'origine, que le cinéma – il est un des symboles de *la Fureur de vivre* de James Dean – consacre définitivement comme mythe. Dès lors, il est, pour des décennies, associé aux révoltes d'une jeunesse en mal

d'identification. Ceinturé, zippé, protecteur sous ses airs de dur, il devient signe de ralliement, des scènes de rock au béton des nouveaux ensembles urbains, de Gene Vincent à Elvis Presley, de Johnny Hallyday à ses fans. Cet engouement du show-biz pour le Perfecto va contribuer à domestiquer son image. Le vêtement de mauvais garçon est désormais policé, le blouson dur à cuire fait peau douce : les créateurs l'adoptent, l'interprètent, et le noir de la révolte prend des couleurs quand ce sont les femmes qui le portent. De mythe, le Perfecto est ainsi devenu un classique, que l'on apprécie pour son confort. Il garde néanmoins ses aficionados, qui lui vouent un véritable culte : les Harley-Davidson d'origine sont les plus recherchés, et les cinq plus gros collectionneurs possèdent près de 6 000 pièces uniques qu'ils se disputent âprement. Hommage à la perfection.

L'ESCARPIN

Seule la semelle de nos chaussures a retenu l'attention du dictionnaire Larousse qui confond ainsi la définition de fond et le dessous des choses. Pour lui un « soulier à semelle rigide » se différencie d'un « escarpin à semelle mince ». Quelle définition terre à terre pour un objet aussi sensuel, aussi poétique, et même magique ! Car

triangles, aiguilles, pieds-de-biche, pyramides ; on les voit busqués, étranglés, mais aussi bottiers, carrés, droits et plats. Les matières sont variées à l'infini, de la peau de grenouille au chien dalmatien, en passant par tous les satins, dentelles, parures de velours et même plastiques transparents. L'allure d'une femme est conditionnée par la cambrure de ses souliers. En créant dans les années Dior des escarpins épurés à l'extrême, avec de hauts talons « virgules », Roger Vivier donnait à la silhouette une apparence fragile, déportée vers l'avant. En collaborant avec Yves Saint Laurent quelques

années plus tard, il accessoirise la ligne Smoking avec un escarpin de vernis noir, à talon peu élevé, garni d'une boucle.
Ce bottier des princes sait aussi créer pour la grande diffusion, car son escarpin à boucle s'est vendu à cent vingt mille exemplaires. Plusieurs entreprises contribuent largement au succès en la matière : Carel avec sa déclinaison superbe d'escarpins de couleur, Jourdan avec ses talons métalliques et ses variétés de formes.
L'escarpin fascine toujours autant et le roi de la chaussure fait encore rêver avec ses nœuds, ses fleurs, ses imprimés, ses broderies. Tout le Gotha fut logé « dans ses petits souliers », comme la reine Elizabeth II le jour de son couronnement ou Farah Diba le jour de son mariage. Car chacun sait, pour avoir lu *Cendrillon*, combien le bon soulier désigne la bonne reine.

Roger Vivier/Collection U.F.A.C.

chacun sait qu'un soulier de vair peut changer une vie et transformer une pauvresse en princesse avec l'aide de la bonne fée. Un des magiciens bottiers de notre époque, Roger Vivier, joue en virtuose avec les courbes de talons, les fuselages d'enveloppes et les volumes d'empeignes. Les talons de ses escarpins peuvent être biseaux,

LA GUÊPIÈRE

En 1947, la naissance du « new look » de Dior est accueillie par les journalistes du monde entier comme la renaissance de la mode. *Vogue* américain s'enchante : « Avec Christian Dior, votre taille est fine comme une guêpe, l'ampleur de votre jupe suggère la fragilité de vos jambes féminines. » Guêpière et long jupon vont devenir

le refrain des femmes des deux côtés de l'Atlantique. Marcel Rochas est en fait l'inventeur de l'accessoire indispensable de cette mode, dès 1945, époque où Jacques Becker tourna *Falbalas* dans ses ateliers. Le corselet enserrant la taille jusqu'à mi-hanches, prolongé par un bustier soutien-gorge, soulignait les courbes féminines et, maintenant les épaules nues, permettait les grands décolletés des robes du soir. L'arrivée du new look et son immense succès consacrent, après la guerre, le triomphe de la femme-femme sur la combattante des années noires. Elle correspond aussi à cette volonté de la haute couture de reprendre du pouvoir en imposant un nouveau chic sophistiqué, après la mode lourde et appuyée des enrichies du marché noir.
Mais étrangler la taille correspondait à une tendance rétro, donc éphémère ; les couturiers réagirent en lançant une mode complètement décintrée. Une manière de se sortir de ce guêpier.

Marcel Rochas

26

LA ROBE-SAC

Avec le new look de Christian Dior, les femmes avaient la taille fine, forcément fine. Gracile, certes, mais artificiellement étranglée, cette silhouette de femme-fleur en corolle se libère d'un coup et respire avec l'apparition de la ligne « Haricot » lancée par Balenciaga en 1957. Ces robes tuniques influencent instantanément

le prêt-à-porter, qui adopte cette ligne tube et la baptise : robe-sac.

Christian Dior lui-même avait amorcé le tournant ; son intuition lui faisait pressentir le besoin et l'envie de robes compatibles avec la vie active. Il lance alors ces lignes géométriques au nom on ne peut plus sobre : A, Y, H, décintrées, raccourcies. La robe-sac ne fut pourtant qu'un demi-succès et on s'est beaucoup demandé si son nom n'en était pas en partie responsable. En fait, la silhouette féminine est porteuse d'une telle valeur symbolique que des paliers successifs sont nécessaires pour conquérir la liberté complète du corps. La ceinture a toujours joué, dans la mode, un rôle primordial pour structurer le vêtement sur le corps ; elle monte, elle descend, elle s'étrangle ou se relâche au gré des valeurs de l'esthétique dominant une époque. Ainsi, la ceinture bien en place et

très serrée à la taille de la femme-femme du new look devient-elle ceinturon quelque quinze ans plus tard, porté bas et désinvolte sur les hanches.

La garçonne des années folles, dans la conquête de sa liberté, marqua ainsi le premier temps d'une véritable révolution de la mode, vite assagie par la reprise d'une taille marquée dès les années 30. Le new-look, en recoinçant la taille, n'était qu'un passage obligé vers la liberté totale de la robe décintrée.

Un nouveau choc en retour, après la robe-sac, a prolongé la ligne juponnée et la gorge pigeonnante jusqu'à la fin des années 50. Mais peu à peu la destructuration a fait son chemin avec la ligne trapèze de Saint Laurent, les robes géométriques de Courrèges, Ungaro et Cardin... Les robes chemises et tuniques, les jumpers, les sarraus ont ponctué toutes les collections des vingt dernières années, la ligne droite étant sans doute le plus court chemin d'une mode à une autre.

Balenciaga/Marie-Claire/Tabard

LE BIKINI

Qui aurait pu imaginer, le 30 juin 1946, que le premier essai nucléaire américain dans l'atoll de Bikini aurait de telles retombées, non radio-actives cette fois et parfaitement pacifiques : la naissance d'un maillot de bain. La maison Reard, dix-huit jours plus tard, a l'idée géniale de déposer la marque d'un modèle deux-pièces qu'elle

baptise ainsi. Le mot « Bikini » sera vite internationalement célèbre pour désigner tous les maillots de bain deux-pièces. Pourtant, hasard de l'histoire, à la même époque un maillot du même type, baptisé « Atome », avait été créé par Jacques Heim. Jusqu'à cette date, les costumes de bain relevaient plus du maillot-gaine, pudique que de la tenue aguicheuse et dénudée des deux-pièces. Une marque était alors célèbre : « Mayogaine ».
Au cours des trentes dernières années, le corps

protégé, dévoilé, puis exhibé fut, sans conteste, le signe le plus évident d'une libération continue, allant jusqu'au topless et à la ficelle string. L'atoll du Pacifique est encore à l'origine du détournement du mot « Bikini », qui devient « Monokini » en apparaissant sur les plages de Saint-Tropez après 1968. Avant qu'elle ne soit ainsi libérée, l'image du corps, relayée par les médias, restait rigide ; les maillots de bain avec des armatures baleinées, des jupettes et des renforts en mousse de nylon étaient photographiés en studio, sur du faux sable, dans des poses statiques. Il faudra attendre 1965, vingt ans après Bikini, pour que le magazine *Marie Claire* fasse faire des photos en pleine nature, envoyant ses photographes aux Bahamas, à la Martinique – retour vers ces îles qu'évoquait le mot « Bikini ».

Lab. Garnier

LE SAC ET LE FOULARD HERMÈS

On n'abandonne pas l'Olympe quand on y a ses entrées, et il n'est rien d'étonnant à ce qu'Hermès, messager des dieux antiques, se retrouve en plein XXe siècle associé à l'univers des étoiles. Les années 50 de notre siècle ne croyaient certes plus à la mythologie, mais encore beaucoup aux mythes, et un peu aux contes de fées. C'est ainsi qu'elles vécurent les fiançailles d'un prince et d'une actrice, Grace Kelly. L'hitchcockienne princesse accessoirisa pour l'occasion sa rigoureuse beauté d'un sac Hermès qui allait désormais, en portant son nom, devenir un sac vedette. Le célèbre foulard de la maison Hermès n'a, lui, rien à lui envier, puisqu'il s'en vend un toutes les vingt secondes à travers le monde.

Quand Thierry Hermès ouvre son magasin en 1880, il n'est que harnacheur, et seuls des hommes descendaient de leur calèche pour se fournir en harnais et selleries. Six générations successives vont faire la gloire de la maison. Pressentant après la Grande Guerre la disparition des beaux équipages, les frères Hermès vont fabriquer des sacs de voyage, puis des accessoires pour hommes et femmes. Les ouvriers spécialistes en harnais et selles ne savaient pas piquer à la machine. Qu'à cela ne tienne, ils feront tout à la main. La piqûre sellier va ainsi assurer le succès de leur fabrication. Avec ce souci permanent d'authenticité et de savoir-faire, la maison Hermès peut puiser sans cesse dans son fond de collection. Ainsi, le sac Kelly est une miniaturisation d'un sac à courroies, pour selle et bottes, créé par Thierry Hermès en 1881.

Le musée Hermès, source d'inspiration pour les motifs des foulards, est une autre gloire de la maison. Ce classique indémodable a fait, depuis les années 20, un parcours sans faute. Deux incidents n'ont pas réussi à lui nuire : le carré « Fauconnerie royale » a faillit créer un scandale quand un client vint informer avec fracas qu'un plissé malencontreux, en vitrine, ne laissait plus voir que « connerie royale ». En 1939, le carré « Entente cordiale » fut retiré immédiatement des collections et, présenté après la guerre, connut un succès éclatant.

LE TERGAL

Les années 50 et leur batterie d'innovations domestiques ont inventé la ménagère moderne. A côté du réfrigérateur, du robot-mixer et du potage en sachet, il est une invention qui dut apparaître comme l'annonce de la terre promise aux esclaves du repassage : un incroyable tissu, qui ne se froisse pas, ne se déplisse jamais,

et même ne se mite pas : le Tergal. Si les matières naturelles proviennent de fibres animales ou végétales, cette nouvelle matière est une fibre de synthèse produite par l'industrie de la carbochimie ou de la pétrochimie. A l'origine, c'est un Français, le comte Hilaire du Chardonnet, qui, en 1888, dépose une série de brevets pour protéger son invention : la soie artificielle. Ce chimiste eut l'idée de créer des textiles artificiels par l'emploi de la nitrocellulose ; génial grand ancêtre de la Société Rhône-Poulenc ! Bien d'autres découvertes, à travers le monde, permettront de réaliser par la suite quantité de fibres synthétiques comme l'acétate, la viscose, les polyamides (nylon), les acryliques, les polyesters (Tergal) et les élasthanes. Chaque pays, pour les protéger, dépose le nom de ses créations de fibres : ainsi le Tergal, en France, s'appelle « térylène » en Angleterre, et « Trévira » en Allemagne.

Malgré ses prouesses techniques, le Tergal est pourtant resté le mal-aimé de la production textile. Un matraquage publicitaire sans précédent impose mondialement les polyesters, les consommateurs les achètent de plus en plus tant est forte leur valeur d'usage, mais la raison éclipse la séduction. En privilégiant les impératifs économiques et techniques, les industriels de la fibre synthétique ont totalement négligé, à leurs dépens d'ailleurs, la passion de la sensualité et l'investissement symbolique attaché aux étoffes depuis toujours. Depuis quelques années, une stratégie nouvelle se met en place : la recherche technologique se réconcilie avec les exigences esthétiques et sensorielles de la création textile. Demandez à un fabricant de fibres un toucher coton, il vous parlera du polyester. Demandez-lui un effet soie, il vous mettra en avant le polyester. Demandez-lui de vous parler des fibres de demain... vous avez deviné. Bref ce n'est plus une fibre, c'est Protée.

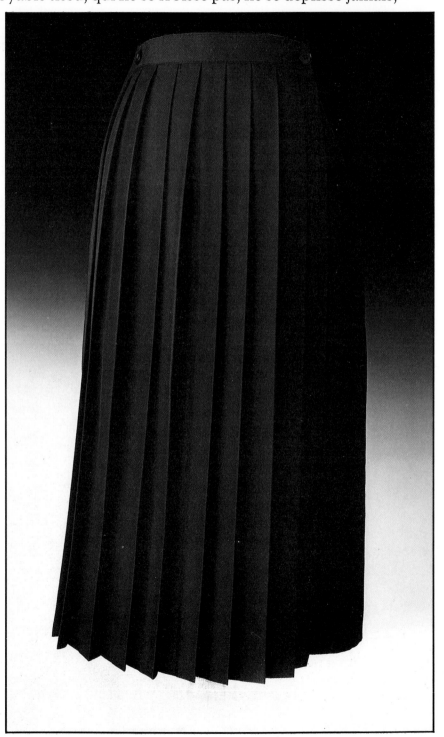

Adolphe Lafont

LE PULL-CHAUSSETTE

Le junior des années 60 était très pressé, un peu sportif, fou de scooter et fanatique de jean ; il adopte le pull « seconde peau » pour être dans le vent. A l'inverse des tricots de papa, sorte d'enveloppes informelles contre le froid, les nouveaux pulls s'enfilent comme des chaussettes, épousant étroitement un corps qui se protège, tout

en se laissant vivre librement et en se donnant à voir. Apprentis-sorciers du look-tricot-junior pour Dorothée Bis, les Jacobson assemblent, coordonnent et superposent des pulls tout près du corps, des collants de laine et des shorts tricotés pour la ville. Ces associations inédites de couleurs et de formes nouvelles renforcent l'image provocante de vitalité de cette génération.

Sonia Rykiel, la « reine du tricot », impose ce nouveau style, en plus sophistiqué. « J'ai voulu bouger la coupe, les emmanchures, les carrures... », dit-elle, et elle renverse ainsi l'ordre établi de la maille ample, coupée comme un tissu.

Son célèbre pull « Fanny » met l'accent sur les hanches et les formes du corps, faisant ressortir une sensualité naturelle. « Ce vêtement, dit-elle, devient la sensation que le corps a de lui-même intérieurement. » Un jeu avec le corps, avec les formes, qui fera dire au journal *Elle* : « des jerseys nommés désirs ».

LE SOUTIEN-GORGE BALCONNET

Il y a juste cent ans, en 1889, Herminie Cadolle va montrer aux femmes comment jeter leur bonnet par-dessus les moulins. Féministe avant la lettre, elle décide de couper le bas de son corset, conservant le haut qu'elle baptise « corselet-gorge », puis « soutien-gorge ». Avant de devenir balconnet, le soutien-gorge passe par des hauts et

du new look après la guerre de 40... pour être avalé, plus tard, avec l'apparition de la robe-sac.

Et pourtant, dès l'année suivante, les seins s'affirment à nouveau, plus pigeonnants que jamais. C'est la marque Lejaby qui crée, à cette époque, le terme « pigeonner » en lançant un nouveau soutien-gorge : le balconnet. Terme si suggestif qu'il n'est pas traduit dans les revues de mode anglaises... Le style ingénue perverse de Brigitte Bardot, celui plus retenu de Catherine Deneuve ou la générosité de Gina

Lollobrigida font alors fureur dans le monde entier. Les années 60 et 70, avec la flambée féministe, vont jeter les soutiens-gorge aux orties. Petit à petit, pourtant, en 1980 les dessous refont du charme et l'on voit réapparaître les balconnets en soie et Lycra garnis de dentelles. Aujourd'hui on les porte pour plaire et se plaire, de couleur ou noirs, en voile transparent ou en coton opaque, innocents ou provocants.

La dernière héritière des Cadolle à la tête de l'entreprise familiale, Poupie, conserve au secret les huit mille patrons de ses clientes du monde entier, qui n'ont cessé de suivre, à leurs mesures, les tendances des désirs de mode.

Antinea

des bas. Ainsi, durant les années 20, la petite-fille d'Herminie, Marguerite Cadolle, met au point l'« aplatisseur »
pour Gabrielle Chanel, correspondant au style « garçonne » de l'époque... Puis les femmes se réconcilient avec
leurs formes et leur séduction : dans les années 30, le soutien-gorge s'épanouit. Il devient ensuite la guêpière

LE CARREAU VICHY

Dans le cinéma des années cinquante, la séduction ne connaît qu'une robe digne de ce nom – le fourreau – et qu'un tissu – le satin. Noires ou rouges, les cascades de lumière qui habillent Rita Hayworth dans *Gilda* ou Marilyn Monroe dans *Comment épouser un milliardaire* ont les couleurs du péché et leur brillance souligne les

courbes propres à damner des générations de spectateurs. Séduction rimait alors avec tentation, et en vérité c'était le diable qui créait les femmes fatales, jusqu'à ce que Dieu crée la femme... tout court. Tout court vêtue et légèrement chaussée, en effet : telle sera l'image de la nouvelle star, Brigitte Bardot. A la veille des années 60, décennie qui consacrera le triomphe du « naturel », elle annonce une nouvelle féminité, où le corps affirme sa liberté et où la séduction se proclame innocente, voire ingénue. Si ingénue que c'est au vert paradis de l'enfance que B.B. emprunte le tissu de sa robe de mariée : cette fameuse robe, créée par Jacques Estérel pour son mariage avec Jacques Charrier en 1958, est en carreau vichy rose et blanc, bordée de broderie anglaise. Elle juponne sur trois épaisseurs de tulle, rose également. Le carreau vichy servait traditionnellement à confectionner les blouses-tabliers des écoliers, à carreaux noirs et blancs. Le tissu avait évolué vers des coloris plus doux ; et une variante plus raffinée avait donné le zéphyr bob des robes pastels à tout petits carreaux filetés de petites filles sages... jusqu'à Brigitte Bardot, ingénue libertine. L'image a fait sensation à l'époque et est restée très vive dans l'imaginaire collectif. Au mythe traditionnel de la robe de mariée, blanche et sophistiquée, s'opposait la grâce juvénile et naturelle du plus simple des tissus de coton coloré, la broderie anglaise apportant une touche de romantisme. Recopiée à l'époque à des milliers d'exemplaires, la robe de B.B. resurgit au milieu des années 80 : la nostalgie des fifties inspire à quelques créateurs des modèles à taille marquée et à jupons froufrous, que font tourner sur des pistes de danse des répliques adolescentes de Brigitte Bardot, choucroute et ballerines comprises. La jeunesse est éternelle.

Jacques Estérel/Collection U.F.A.C.

LA BALLERINE

Il fallait une bonne raison pour que ces chaussons, jusque-là réservés aux étoiles de la danse, consentent à quitter le firmament des scènes pour descendre sur terre. Il fallait que ce soit une autre étoile qui prête ses pieds et que cela se fasse avec la bénédiction divine. Ainsi fut-il fait ; Brigitte Bardot les chaussa pour l'occasion du film *Et*

Dieu créa la femme.
B.B. souhaitait une ballerine liant confort et style ingénu, qui « dévoile la naissance de ses orteils », confie-t-elle à Rose Repetto. La spécialiste des chaussons de danse ne pouvait que la suivre. Elle emploie une trentaine de chaussonniers, Russes blancs, reconvertis dans le chausson sur mesures. Ce sont toujours leurs descendants qui créent et réalisent les modèles Repetto, pour les pieds des danseuses étoiles comme pour les prototypes des ballerines de ville proposées en vingt-quatre coloris différents.
A la fin des années 50, la ballerine n'est plus seulement chausson pour ingénue libertine, elle devient, en vernis noir, accessoire obligatoire du style bon chic, bon genre. Une autre star, Audrey Hepburn, la porte en robe de Givenchy ou en ensemble twin-set et kilt. Elle fait partie désormais de la panoplie des femmes élégantes et actives.

Carel

LE CABAN

Entre canot et hauban, le caban évoque par son nom les coups de vent de noroît, la chute du baromètre et les mises à la cape. Sa laine bleu marine, ses boutons marqués d'ancres rangés symétriquement sur bâbord et tribord, ses poches d'avant permettant aux bras de se reposer des manœuvres passées, un col fermé contre le vent

et les embruns, tout le prédestinait à la carrière maritime. Et pourtant, c'est de la mer de sable qu'il tient sa lointaine origine. Il était en effet porté par les hommes du désert : c'était alors une longue capote de laine avec capuchon. Les vaisseaux barbaresques l'ont ensuite transporté jusqu'aux côtes espagnoles et italiennes. A l'origine appelé du nom arabe de *gaba*, il est devenu *gaban* en espagnol, *cabbanu* en sicilien et *gabas* en portugais. il prendra le nom de « caban » en France, où il est depuis cent quarante ans réalisé dans son authenticité d'origine par « Petit-Matelot ».

S'il devient *pea jacket* en Angleterre – simple toile recouverte de goudron pour les marins de la Royale –, il y acquiert aussi ses lettres de noblesse lorsqu'un fabricant britannique, Gloverall, propose des cabans en cachemire : *reefer jackets*, vestes de récifs ou de ris. Loin de se contenter de sa renommée maritime, le caban atteint enfin la gloire des podiums quand Yves Saint Laurent en fait un objet digne de la haute couture en 1962. Il le présente dans sa collection, rigoureusement authentique, mais personnalisé par des boutons de luxe, sur un pantalon de shantung blanc. Il fallait l'immense talent du jeune Yves Saint Laurent, lançant à l'époque sa propre maison de couture, pour oser conjuguer sens pratique des formes les plus élémentaires et image élégante de rêve.

Yves Saint Laurent

LE PULL MARIN

A une époque de navigation de plaisance et de pavillon de complaisance, le pull marin ne distingue plus les marins au long cours. On le rencontre aujourd'hui du nord au sud et de l'est à l'ouest dans des endroits où l'eau n'est que douce et les marins dessalés. On le retrouve même à Saint-Tropez sur des yachts de fortunes, en

marinière à manches longues, de laine fine ou de coton.

A l'origine strictement fonctionnels, ces pulls sont, depuis toujours, bleu marine unis ou rayés marine et blanc ; les unis étaient portés par les chefs de bord, les rayés par les moussaillons. Une maille serrée leur confère une sérieuse imperméabilité.

Réminiscence des uniformes d'officiers et protection contre le froid, le col monte comme il faut en tuyau sur le cou. Enfin les boutons de bois, d'un seul côté de l'épaule, sont situés à droite ou à gauche, non en fonction du sexe – la pêche était un métier d'hommes... –, mais pour convenir aussi bien aux gauchers qu'aux droitiers.

A l'origine de ce pull breton, on retrouve une grosse marinière de drap de laine. Les marchands d'ail et d'oignon de Saint-Pol-de-Léon, au

XVIIIe siècle, partent vendre leur production en Grande-Bretagne. Ils y découvrent la maille tricotée, les *pull-over* – ceux qu'on « tire par-dessus la tête » – qu'ils adoptent en y ajoutant le boutonnage d'épaule. Le (mar) chandail est né : le vrai pull marin français d'aujourd'hui.

Endossé par tous les pêcheurs des mers du Nord, il devint porteur de l'histoire des peuples nordiques. Les jeux de points du tricot, les dessins jacquard et les coloris marquaient l'appartenance à une communauté. De port en port, ces marins arboraient leur pays d'origine à travers les motifs reproduits par les femmes restées au foyer. Les Irlandais et les Norvégiens, avec leurs laines écrues et leurs somptueuses torsades, les Suédois et leurs jacquards bicolores, les Hollandais et leurs dessins sur fond uni marine ne quittaient ainsi jamais leur pavillon national : le pull marin, ou la plus rigoureuse manière de pavoiser.

St-James

LE TABLIER SHIFT

Avant que la fée électricité ne vienne révolutionner l'univers ménager, quand la cuisine ne pouvait être prise pour un agréable passe-temps, la blouse-tablier n'était qu'un banal vêtement fait pour protéger la maîtresse de maison de toutes les agressions, salissures, marques de ces travaux harassants qu'elle devait assumer. Aussi, jusqu'aux

années 50, les femmes au foyer enfilaient pour leurs travaux quotidiens ces tenues pratiques, que le nylon avait rendues plus faciles d'entretien. Pour sortir ou paraître en société, on leur substituait une robe plus esthétique, plus séduisante. L'apparition des cuisines-laboratoires, ou tout au moins plus fonctionnelles, entraînera un changement des comportements et des mentalités, reléguant l'ancien tablier aux oubliettes de l'histoire ménagère. Claire McCardell, pionnière américaine du style décontracté, avait eu l'idée, dès les années 40, de créer un tablier-robe destructuré et la presse américaine parla d'elle, à l'époque, comme de « la pionnière des vêtements d'une frugale modestie ». La France, après la guerre, découvre ce prêt-à-porter américain. Une agence de style, la Mafia, liée à un industriel de pointe, Indreco, lance sur le marché, dans les

chaînes Prisunic, puis dans tous les grands magasins, un tablier, le « shift », inspiré des chemisiers-liquettes et des robes jumpers. Le terme américain est repris tel que pour cet article. Littéralement, *shift* signifie « journée de travail », mais aussi « chemise de femme portée en toutes occasions ». Ce shift français séduit immédiatement la ménagère et accompagne son nouveau style de vie. Il est toile de coton uni ou à rayures, de couleurs vives avec de grosses fermetures à glissière. En prolongement, naîtra toute une gamme de pop shifts, déclinée en chemises longues de style américain, en robe à taille libre, en sarraus garnis de smocks-machine. En adoptant cette tenue décontractée, on renoue, en fait, avec l'aisance de la chemise de lin blanc du XIXe siècle, servant de vêtement de nuit et de tenue de travail pour les ouvriers agricoles. Les sociologues y verront là, sans doute, une belle revanche, en matière de mode, de la société traditionnelle.

Indreco

LE BORSALINO

On peut le porter en avant, ou légèrement en arrière, plus ou moins pincé, tombant ou non sur une oreille. Gris, marron, noir ou beige, raide ou semi-mou, un chapeau de feutre peut changer d'aspect sans changer de nature. De Cary Grant, avec quel style !, au truand mafioso, il est devenu légende. Giuseppe Borsalino ne pouvait penser,

en fondant sa fabrique en 1857 près de Milan (la plus grande usine de chapeaux ayant jamais existé) qu'il donnerait naissance à une institution.

La fabrication du feutre remonte au XIIIe siècle. Une commanderie de l'ordre de Jérusalem utilisa un procédé importé d'Orient, le feutrage des poils de chameau par la technique du foulage. Pendant des siècles, les secrets de fabrication et les tours de main transmis de génération en génération en perpétueront la technique. L'industrie chapelière était florissante au XXe siècle. On comptait 288 fabriques de chapeaux à Paris et près de 14 000 en province. Il est vrai qu'à cette époque un homme

bien né ne possédait pas moins de vingt couvre-chefs. Pour les grandes occasions, il porte un tube, un huit-reflets ou un melon ; dans la journée il a le choix entre un « planteur » à bord rond ou un « brésilien » en poil de castor souple ; il arbore une casquette pour pédaler au sommet d'une draisienne, un canotier de paille pour la vie en plein air, qui détrône peu à peu le souple panama ; pour chasser, il pince la calotte d'un melon de feutre souple, garni d'une petite plume dressée.

Mais les temps modernes sont impitoyables ; cet accessoire autrefois indispensable est devenu rare et on ne tire plus son chapeau qu'au figuré. Les chapeliers qui subsistent ne peuvent se diversifier qu'en fabriquant des cloches molles, en toile, nylon ou lainage, ces compléments des tenues de loisir, dont l'étoffe varie selon que l'on veut se protéger du soleil ou de la pluie.

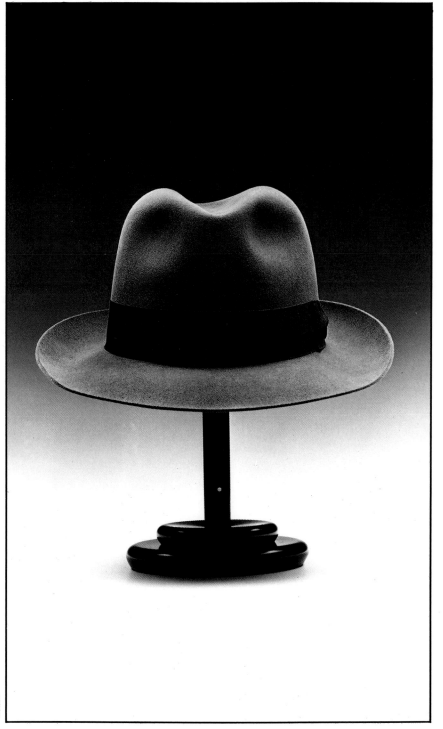

Motsch

LE NYLON

Le nylon, que découvre la firme Du Pont de Nemours en 1928, était une drôle de pâte faite d'air, d'eau et de charbon. Commercialisé aux USA en 1938 avec le lancement des bas nylon, c'est à la guerre de 1940 qu'il devra de se faire connaître, puis de s'imposer en Europe. Car il a gagné la guerre, au sens vrai du terme. En effet, toute

miracle débarque donc avec les premiers GI's et déchaîne les passions. Après la pénurie qui avait obligé les femmes à porter des « bas liquides », une peinture au brou de noix, les femmes d'Europe découvrent alors l'emblème d'un nouveau monde, l'expression d'une séduction moderne.

Mais les inventions ne s'arrêtent pas au symbole et le nylon va donner naissance à 1 800 composants dérivés. C'est au cours des années 50-60 qu'il devient un produit banalisé, sans séduction, plus utilisé comme doublure juponnant les robes new look, ou comme blouse-tablier de la femme au fourneau : il perd alors toute la magie qui l'entourait. Puis vint la recherche d'un retour au

naturel proscrivant tout ce qui paraît artificiel. Le nylon vit alors ses heures noires. Puis viendra l'embellie. Une nouvelle génération de créateurs affiche soudain sa volonté d'utiliser les matériaux modernes ; on redécouvre la texture, on joue avec les cloqués, les gauffrés, les bouillonnés. Certains, comme Jean-Paul Gaultier, s'amusent passionnément avec les synthétiques. Aujourd'hui, le supernylon est arrivé : le Kevlar, dernier né de la famille des polyamides, défie le temps. Sa structure quasi indestructible l'impose partout pour couvrir les stades olympiques de sa légèreté aérienne ou comme matériau de l'aéronautique. De l'Arche de la Défense aux voiliers transatlantiques, sa résistance cinq fois plus forte que l'acier l'a introduit partout. Il y a pourtant bien loin des jambes de l'Arche de la Défense à celles de Lauren Bacall, superbement gainées de nylon.

la production américaine du nylon était alors dirigée vers le combat. Les pneus des forteresses volantes, les parachutes, les tenues de combat. L'image historique du soldat américain accroché au clocher de Sainte-Mère-Église par son parachute-en-nylon-qui-ne-craque-pas, est devenue depuis un symbole. La fibre

LE BLAZER

Si l'*understatement* est une qualité typiquement anglaise, il faut constater que, dans le cas présent, ce vêtement ne recule pas devant l'exagération, car le blazer, de *to blaze*, flamboyer, ne fait pas le modeste. Et pourtant quoi de plus classique, de plus aristocratique, de plus bleu marine que le blazer ? Il peut certes prendre l'allure

décontractée de Clark Gable, séductrice de Bing Crosby ou french lover avec Charles Boyer, mais son image est avant tout élégante et royale, et on ne peut mieux l'imaginer que sur les épaules du prince héritier de la Couronne d'Angleterre et sur celles de son père.
Ce merveilleux vêtement anglais fait pour le sport, dont Jacques Estérel a réédité le modèle original, tient de ses origines sportives et de sa

fréquentation des climats humides ses caractéristiques essentielles. Contre la pluie, sa flanelle fait merveille et, contre le vent, ses revers vraiment reversibles se boutonnent sous le cou. Par contre, il a perdu ses couleurs d'origine.
Veste de cricket ou de tennis, veste symbolique d'un club sportif ou d'un collège, rehaussée d'un écusson, elle n'était ennemie ni du jaune ni du bleu vif, pas plus que des rayures. Elle devait crever les yeux comme un signe parfait de reconnaissance.
Aujourd'hui, seule la veste écarlate des étudiants de Cambridge a conservé ce haut niveau de couleur : elle flamboie littéralement.

LE TAILLEUR CHANEL

L'allure Chanel a fait le tour du monde en tailleur depuis 1955 : une merveille de raffinement, en tweed impeccablement bordé de ganses coordonnées, ou en prince de Galles rehaussé de nœuds et manchettes en piqué blanc, ceinturé de chaînes dorées avec vrais et faux bijoux en sautoir. Des chemisiers en soie, coordonnés, font

partie intégrante de l'ensemble, comme la doublure du tailleur.

Tout le génie de Chanel s'exprime dans ce vêtement qui est la synthèse parfaite de deux mondes opposés de l'époque : la distinction sociale qui anoblit le corps tout entier et la modernité d'un tailleur coupé comme un cardigan qui bouge avec le corps. Chanel avait déjà pris le contrepied du chic luxueux, à ses débuts durant les années folles, en créant ses premiers tailleurs en jersey, ce tissu « pauvre » à l'époque ; elle est la première à proposer aux femmes élégantes un vêtement à mettre sans l'aide d'une cameriste.

Après la guerre, à son retour sur la scène de la mode, Coco Chanel habille les grands de ce monde, associant son nom aux plus grands événements heureux ou tragiques,

comme ce 22 novembre 1963 à Dallas dont il reste l'image du tailleur rose maculé de sang de Jacqueline Kennedy. Mais le « Chanel » descend aussi dans la rue, reproduit à des millions d'exemplaires et à des prix très variables. Coco Chanel est copiée, pillée. Elle l'accepte sans sourciller, c'est pour elle le signe éclatant de sa notoriété. Quelle est la raison du succès, jamais démenti depuis trente-cinq ans, de ce tailleur indémodable ? Elle tient vraisemblablement à la personnalité de la très grande Mademoiselle qui a su imposer un style abouti, impeccable, fondé sur ces règles : « Toujours enlever, jamais remettre », et « L'envers aussi parfait que l'endroit ».

Sans rien céder à la facilité, mais sans rester figé dans le respect, Karl Lagerfeld a relevé le défi qui lui fut posé en 1983 : assurer la succession en rajeunissant l'image. Ce qu'il a fait avec éclat et humour en adaptant le style Chanel à l'esprit des années 80.

LE PANTY

Traditionnellement, les vêtements de femmes et leurs dessous ne restaient pas immobiles sur le corps : ils bougeaient, voletaient, ondoyaient. La généralisation du jean unisexe moulant le bassin, puis l'irruption de la minijupe provoquèrent une brusque mutation des attributs de la féminité. La minijupe, le pantalon seconde

peau obligent la femme à porter une sorte de bermuda en tissu élastique, appelé panty, chargé d'avaler le bas et de le retenir. Fini la peau à l'air libre, disparues les marques de superposition sous les jeans moulants. Une page de publicité de l'époque proclame : « A bas les jarretelles », faisant ainsi l'apologie de l'enfermement du corps. Cette cuirasse élastique qui se veut fonctionnelle et confortable est un véritable rempart contre l'imaginaire : le panty est froid, même si certains tulles de Lycra se parent de fleurs pastels.

Après la luxuriance des falbalas, la sécheresse de ces combinés panty fit croire que seuls survivraient les dessous d'une sobriété efficace, servis par les fibres synthétiques, d'entretien facile et se soumettant à toutes les femmes.

Et puis... la maxi succède à la mini, l'unisexe et la vogue des pantalons marquent un temps d'arrêt. A la fin des années 70, les mouvements de libération de la femme n'ont plus à revendiquer la liberté à tout prix ; le refus de la symbolique sexuelle des vêtements et de leurs dessous n'est plus de mise. On joue avec les longueurs ascenseurs, avec les tenues érotiques ou fonctionnelles suivant les humeurs du jour. Les magazines de mode consacrèrent cette tendance, ouvrirent à nouveau des rubriques aux différents styles de sous-vêtements, des petits caleçons d'homme en coton côtelé aux combinaisons de satin garnies de dentelle. Juste retour des choses pour ces dessous qui revinrent ainsi sur le devant de la scène après que le panty eut voulu faire régner la fonctionnalité et le confort en des lieux où le secret se conjugue avec l'imaginaire.

Collection U.F.A.C.

LA CARDINE

Il existe dans le monde animal des espèces disparues, chaînons manquants indispensables, découverts par des paléontologues barbus. De la même manière, il existe entre fil de laine et fibre synthétique une robe sans équivalent ni descendance, qui a tenté de quitter la pesanteur du tissé pour voler vers le futur. Ce fut l'aventure

de la cardine, une robe fabriquée en 1967 comme une carrosserie de voiture, défi utopique du couturier Pierre Cardin.

Ce vêtement, produit au moule, en fibres synthétiques agglomérées, était révolutionnaire, parce que sans couture. Car, si l'on a toujours utilisé le tissé avec son armure de fils croisés depuis la plus haute Antiquité – mis à part le feutre, aggloméré de poils d'animaux –, le non-tissé avait disparu depuis des siècles. Les Polynésiens avaient été les derniers à utiliser des écorces de mûrier battues pour se vêtir du *tapa*. L'audace de Cardin, proposant des robes à cent francs dans une étoffe non tissée ressemblant au tweed, rencontra un succès plus médiatique que commercial. Le grand public refusera les robes en papier proposées par le prêt-à-porter, tout comme les pyjamas ou les petites culottes à jeter commercialisées à la même époque sans plus de succès. Traité comme un gadget, dénué de la sensualité propre aux matières qui vivent avec le corps, la greffe du non-tissé n'a pas pris.

Mais le souvenir de l'espèce éteinte n'a pas disparu, nous obligeant à nous demander si le progrès des technologies industrielles ne permettrait pas au non-tissé de résoudre l'immense complexité des tissages et des confections de vêtements : aujourd'hui encore, Cardin, Jean-Paul Gaultier et quelques autres alchimistes se penchent sur ces technologies, à la recherche de la fibre philosophale.

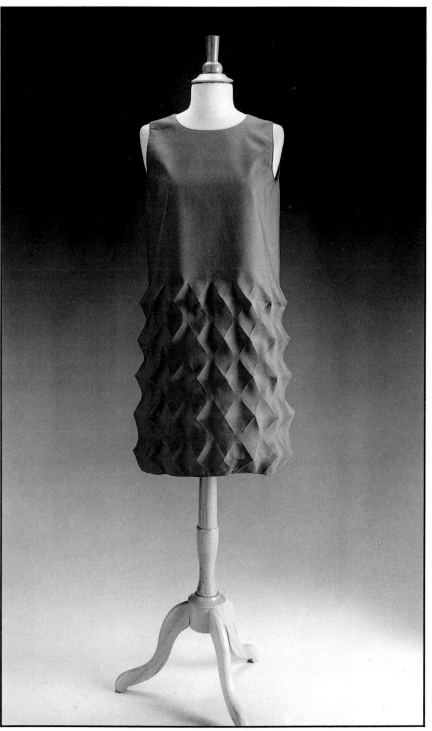

Pierre Cardin

LE DUFFLE-COAT

On sait peu que ce vêtement aujourd'hui typiquement anglais a des origines continentales et même françaises. Au XIIIe siècle, l'« esclavine » était un vêtement emprunté aux voyageurs et aux pèlerins austro-hongrois, les esclavons, qui s'enveloppaient dans un vêtement de bure garni d'une capuche. Porté à l'origine par de pauvres

Goverall

pêcheurs, il fut ensuite adopté au XVe siècle par les vrais mariniers et les vrais pêcheurs : en drap épais, fendu sur le devant et les côtés, avec ses manches larges et courtes, son collet haut et carré et son capuchon, il devient un véritable manteau protégeant de la pluie et des embruns, toutes choses fréquentes en bord de mer.

La Seconde Guerre mondiale lui donnera ses lettres de noblesse : porté par les hommes de la marine royale britannique, il entra dans la mémoire collective sous les traits du général

Montgomery débarquant sur les plages de Normandie avec son béret, sa pipe et son duffle-coat. Image de la victoire du monde libre que celle de ce pardessus court en gros drap, militairement strict, décontracté aussi, à la fois par sa simple capuche et ses gros boutons de buis tenus par des liens de corde ancrés dans le cuir.

Depuis les plages du débarquement, il a abordé d'autres rivages. La rive gauche l'adoptera, quel que soit le temps. Cocteau lui donnera un air raffiné, les étudiants le porteront après leurs longs cours, les collégiens en feront leur uniforme. Jusqu'à Yves Saint Laurent qui le récupérera avec élégance, au point de le porter sur un smoking !

Quel chemin parcouru par ce grossier vêtement de voyageur...

LE SMOKING YVES SAINT LAURENT

Au début du siècle, il n'y a donc pas très longtemps, les hommes revêtaient ce costume pour passer au fumoir, interdit aux femmes ; ils changeaient de tenue pour venir les rejoindre et ne pas les incommoder par l'odeur de leurs cigares imprégnant les étoffes. La fonction s'est perdue, mais l'image est restée, et les générations d'hommes

qui suivirent gardèrent cet air empesé et sérieux, totalement prisonnier du code et dépersonnalisé, qui les faisait ressembler à des pingouins dans des assemblées plus cérémonieuses que festives. Transposer ce costume de soirée masculin en un vêtement symbole de féminité libre et sensuelle, cela relevait de la gageure absolue. Il fallait être le plus grand parmi les grands pour réussir à créer une révolution sur des bases aussi classiques.

Il fallait être d'un modernisme absolu pour imposer une nouvelle distinction, en rupture avec le schéma des conventions établies. C'est ce que fit Yves Saint Laurent avec audace et magie ; il sut lier la superbe austérité d'un tailleur smoking à la sensualité d'une blouse transparente portée sur des seins nus.
« Si je devais choisir un modèle parmi tous ceux que j'ai présentés, ce serait sans nul doute le smoking », affirmait Yves Saint Laurent dans *Match* en 1981. Il n'a jamais cessé en effet de le présenter, depuis son apparition en 1966, dans chaque collection comme « label Saint Laurent ».

LA CHEMISE LIQUETTE

Pour danser le twist ou enfourcher leurs scooters au début des années 60, les filles juniors avaient plutôt l'air de garçons manqués que de petites filles sages. Elles empruntaient à leur frère ou à leurs copains leurs chemises liquettes et leurs jeans, parce qu'aucune boutique de fringues ne leur proposait ce qu'elles désiraient. En 1963,

un créateur jeune, originaire de Nîmes, travaillant alors avec une toute petite équipe, trois personnes, a l'idée d'adapter une forme simple, proche de la liquette du grand-père, dans un tissu aux antipodes de tous les critères du chic. Il utilise un crépon froissé, transparent, uni ou rayé, réservé aux chemises de nuit, qui « fait » aussitôt la couverture du journal *Elle* et séduit les juniors, mais aussi les mères. Cent mille pièces de ce seul modèle sont vendues en quelques semaines. Un succès pour son créateur, Jean Bousquet, que de fil en

aiguille l'on retrouve quelques années plus tard sous le nom de Jean Cacharel à la tête de quatre usines employant plus de mille personnes. Le Cacharel, c'est aussi le nom d'un petit oiseau de la région de Nîmes, un oiseau qui volera loin, puisqu'en 1969 il obtient l'oscar de l'exportation. « Il faut vingt années pour créer une marque, répète inlassablement Jean Bousquet-Cacharel. A condition de rester fidèle à un style, une stratégie, une image. » Cette politique de l'image, qu'il confie à la photographe Sarah Moon, fixera pour longtemps la beauté de son style Liberty, celui qu'allaient aimer les copines de la génération « nouvelle vague » devenues les femmes des années 70.

Cacharel

48

LA ROBE MÉTAL

Quelques années avant qu'une certaine dame de fer n'incarne la tradition, un couturier propose aux femmes, qu'il veut, comme lui, absolument modernes, de s'habiller de métal. En créant en 1965, au beau milieu d'une décennie riche en audaces de toutes sortes, ses premières robes de chrome, de rhodoïd ou d'argent, Paco Rabanne

tient à s'inscrire résolument dans son temps. César fait de l'art avec des voitures, lui fera de la couture avec des matériaux contemporains, aux antipodes d'un certain prêt-à-porter qui banalise les nouvelles matières synthétiques en se contentant de recopier les tissus naturels sans la moindre innovation. Tout, chez Paco Rabanne, que Coco Chanel avait surnommé le « métallurgiste », est prétexte à expérience. Même ses

défilés de présentation font scandale : ses mannequins noirs, ses danses lascives ou endiablées... on est loin des modèles hyper-sophistiqués évoluant dans le silence religieux des défilés rituels. Cassant avec la « petite robe noire de dîner » inspirée de l'image de Juliette Gréco à la Rose rouge et d'Edith Piaf sur scène, Paco Rabanne aura donné à la femme l'envie d'étinceler ; ses étoiles resteront Brigitte Bardot, en minirobe transparente et irisée, et surtout Françoise Hardy, en cotte de mailles réalisée par le bijoutier Arnaud Clerf, aux mille plaquettes d'or ornées de diamant, reliées par cinq mille anneaux d'or. C'était l'époque où une certaine idée de l'avenir se forgeait dans le creuset de Paco Rabanne.

Paco Rabanne/Collection U.F.A.C.

LA MINIJUPE

A un moment où la réussite des filatures se mesurait à la quantité de tissu produit, l'apparition de la minijupe dut sembler une provocation de la perfide Albion. Lorsqu'elle envahit les rues de Londres, en 1965, puis, très vite, celles du monde entier, certaines voix, et non des moindres, se sont élevées en France pour la condamner.

Coco Chanel la trouvait « ridicule, car l'articulation du genou n'est pas esthétique, et il ne faut pas céder à la pression de la jeunesse », et le ministre de l'Education la jugeait « déplacée dans les lycées ». L'année suivante, en 1966, 200 000 minijupes sont pourtant vendues en France. Une véritable guerre des ourlets se transforme en affaire d'Etat : en Pologne, le Parti dit « oui », en Hollande, le Parlement dit « non » : et, en Grande-Bretagne, les experts de la circulation se penchent sur les problèmes d'embouteillages dus à cette troublante apparition. C'est en effet une Anglaise, Mary Quant, qui invente la minijupe. Par hasard, dit-elle : « J'ai rallongé mes pull-overs pour faire des robes-sacs... puis je les ai raccourcis dix ans plus tard. » C'est ainsi que sa boutique de King's Road devient la Mecque de la mode junior portée par des filles, dit-elle, « qui n'ont pas été nourries de pain et de pommes de terre ». Twiggy, le mannequin vedette de l'ère de la minijupe, se voit surnommée « Brindille », et Joan Shrimpton « Crevette ». L'impact est mondial : de Montréal, même par moins 30 °, à Tokyo, la minijupe s'impose : en 1966, le Royaume-Uni en exporte pour six millions de livres. A l'instar des Beatles, Elizabeth II élève Mary Quant au rang d'officier de l'Empire britannique. A la même époque en France, André Courrèges présente une collection en totale rupture avec le passé. S'il n'est pas le premier à présenter une mode mini, il lui revient en propre d'avoir créé une ligne ultra-courte, taillée et structurée comme une architecture. Ce n'est pas un simple raccourcissement, mais une construction parfaite. Roland Barthes la décrira dans *Marie Claire*, en 1967. Le « chic » inaltérable de Chanel nous dit que la femme a déjà vécu (et su vivre) ; le « neuf » obstiné de Courrèges : qu'elle va vivre. La jupe mini aura su durer : éclipsée par les modes folkloriques des années 70, elle réapparaît avec la nostalgie sixties des années 80. Un drôle de voyage au long cours.

Scooter

50

LE BODY

André Courrèges, en 1968, présente le premier collant-maille, appelé rapidement body, puisqu'il est une seconde peau pour le corps. « La nature, dit-il, nous a donné, avec la vie, le tissu le plus formidable qui soit : la peau, qui se détend et se rétracte à chaque mouvement, ne s'use qu'avec la vie, se répare sans presque laisser de traces, se

lave, se sèche avec le vent, la pluie, le soleil. Le collant-maille est pour moi la solution la plus futuriste et la plus actuelle, véritable seconde peau. »
C'était là une conception totalement révolutionnaire du vêtement, allant à l'encontre des règles du jeu vestimentaire depuis l'Antiquité. Le vêtement est fait pour montrer/cacher, dénuder/recouvrir ; mini, maxi, moulante, architecturée, destructurée, la mode met tour à tour en valeur la taille, les hanches, la gorge, les bras... soulignant, dénudant une partie du corps, suivant les époques. Le body, enveloppe intégrale

et sans tricherie, ne fut pas réellement accepté par la femme de 1968 et des années suivantes. Il était trop aux antipodes de la « mode ouverte » pratiquée en Occident depuis des siècles. Le refus fut encore plus net face au body-stocking, cette nouvelle lingerie enfermant le corps.
Il faut attendre les années 80 pour que certains créateurs proposent à nouveau une ligne body. Marc Audibet en fait défiler dans ses présentations à même la peau ; ils suivent la ligne du corps, mais servent aussi de supports à de grands manteaux de crêpe ou de cachemire, à des vestes structurées à l'ampleur énergique. Issey Myiaké et Karl Lagerfeld ont, dans leurs dernières collections, mis les body sur le devant de la scène en jouant aussi de l'alliance du moulant et de l'ampleur.

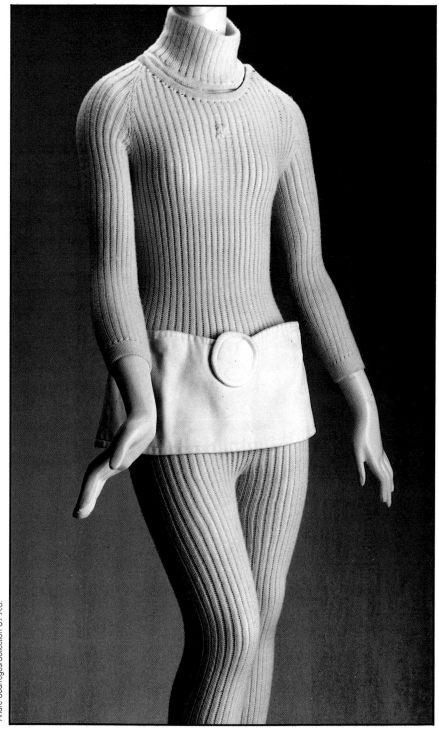

André Courrèges/Collection U.F.A.C.

LE LODEN

Il n'est plus nécessaire d'être simple berger ou paysan du Tyrol pour pouvoir porter un loden. Que l'on soit l'empereur François-Joseph, ou le prince de Galles, ou simple chasseur, ou promeneur de ville aimant la protection d'un manteau ample, chacun a depuis quelque temps accès à ce qui n'était, il n'y a encore que deux

siècles, réservé aux seuls Tyroliens. Appelé *lodo* en vieil allemand, ce qui était synonyme de tissage épais, grossier, le loden tira ses lettres de noblesse de sa matière, de la laine non dessuintée qui le rendait imperméable aux pluies, vents et autres intempéries. A l'origine, seulement confectionné à partir de la laine des moutons du Tyrol, le loden ne rechignera pas, fréquentation de personnages illustres oblige, à faire appel à d'autres matérieux, alpaga, mohair, cachemires. Et si sa couleur naturelle est le vert profond de la nature, il peut aussi prendre un air plus citadin en bleu foncé, bleu grisé. Mais ce ne sont là que nuances, et le vrai loden est avant tout un vêtement taillé pour l'action, la marche à grands pas, le geste ample, la liberté de tous les mouvements. Un vêtement d'une simplicité sans doute convaincante, car il est aujourd'hui exporté dans plus de cinquante pays, dont une majorité sans montagnes dignes de ce nom. Une belle randonnée pour ce vêtement de marche.

Steinbock

52

LE TAILLEUR PANTALON

Si l'expression « porter la culotte » s'appliquait autrefois aux femmes qui, dans le couple, détenaient le pouvoir, elle n'a plus guère de sens aujourd'hui dans un monde où les cartes des sexes sont singulièrement brouillées, les rôles interchangeables et les garde-robes partiellement androgynes. C'est la poussée de la génération née du

baby-boom d'après la guerre de 40 qui a fini de balayer l'image traditionnelle, revendiquant pour filles et garçons de nouveaux rapports de séduction. Ils s'exprimeront à leur manière ; les garçons laissent pousser leurs cheveux et les filles portent des pantalons. Les créateurs des années 60, jeunes eux-mêmes, illustreront cette évolution de la condition féminine en proposant des vêtements dérivés des costumes d'hommes : les tailleurs-pantalons. Daniel Hechter, s'inspirant du confort des vêtements de sport, dessina des vestes allongées sur des pantalons fonctionnels mais esthétiques, ensembles faciles à porter, féminisés par des poches et des ceintures incrustées. Emmanuelle Kahn aménage également le nouvel ordre vestimentaire : elle crée des vestes souples, sans entoilage, des tailleurs affinés par des cols et des poignets arrondis. Elle appelle ces ensembles « tailleurs épagneuls ». La généralisation du port du pantalon, de style unisexe absolu, comme le jean, ou corrigé pour plus de séduction par les créateurs, fait quadrupler, au début des années 70, la vente des pantalons en quatre ans. Un engouement pour un vêtement symbole de pouvoir qui, somme toute, ne demandait qu'à être partagé.

Charles Maudret/Collection U.F.A.C.

LE SAC VUITTON

Au siècle dernier, à Paris, le jeune apprenti Louis Vuitton avait pour tâche délicate de plier avec soin les bagages des élégantes du second Empire en partance pour leurs lointains voyages. Lui qui n'avait jamais connu le long cours a l'idée d'inventer les malles plates dont il habille l'intérieur de toile et qui deviennent les *steamer bags*

internationaux.
En 1854, Louis Vuitton s'établit comme malletier près de l'Opéra, puis ouvre un magasin rue Scribe en 1871 ; en 1885, il traverse la Manche pour s'installer sur Oxford Street, à Londres. En 1875, il rencontre l'Histoire en créant pour Savorgnan de Brazza, en partance au Congo, une malle-lit faite à ses mesures... En 1926, c'est un tea-case pour le maharadjah de Baroda... En 1927, deux porte-habits destinés à Lindbergh pour son retour en bateau... En 1936, pour Léopold Stokawsky, une malle-secrétaire qui peut aussi loger la baguette du chef d'orchestre.
En 1896, Georges, le fils de Louis, innove à son tour. Il fait des initiales de son père, imprimées sur la toile des

bagages, le premier signe porteur d'une marque et fait faire le tour du monde à l'empreinte de la maison. Aujourd'hui, les créations Vuitton comprennent aussi des bagages souples, où l'on peut mettre presque tout, et des sacs à main sport et ville. La tradition d'authenticité est maintenue par des générations d'artisans. On choisit les peaux et le bois avec le même soin qu'autrefois. La serrure à cinq gorges, incrochetable et personnalisée, inventée en 1888, équipe toujours les bagages Vuitton. Et le « fait main » s'allie aux techniques les plus sophistiquées : recherches d'enduction de toile, découpes au laser, programmations sur ordinateurs.
Mais penser à demain ne veut pas dire oublier. Ainsi la maison Vuitton a-t-elle transformé en musée la demeure de son créateur, à Asnières. Les voyages ne sont vraiment réussis que lorsqu'on est revenu chez soi.

LA SAHARIENNE

Comment un vêtement, synonyme de savanes sèches, de déserts de pierres, d'aventures sous le soleil, peut-il s'acclimater aux spots des défilés de haute couture ? C'est l'aventure de la saharienne, devenue vêtement de star lorsque Catherine Deneuve porta celle d'Yves Saint Laurent. Il la présentait dans sa collection comme symbole

de liberté en mai 68 : « A bas le Ritz, et vive la rue, dit-il. La rue et moi, c'est une histoire d'amour. »

De ce vêtement de brousse, et du fonctionnalisme absolu qui le caractérise, il fait un authentique objet de mode, transgressant toutes les frontières du chic convenu. La saharienne existait en fait depuis le début du siècle. Sir Willis, lors de ses chasses au Kenya, se demandait comment ne plus suffoquer dans ses vestes et chemises, si peu adaptées au climat. Avec pragmatisme, ce ressortissant britannique a l'idée d'adapter une *bush jacket*, veste buissonnière, qui tient à la fois de la chemise et de la veste et qui évite de se charger de sacs divers.

Chaque détail a une fonction précise : la ceinture fait barrage aux insectes ; les

poches basses servent aux munitions, plus souvent aujourd'hui aux objectifs pour les safaris photos, les poches hautes pour les petits objets ; les épaulettes sont faites pour retenir les sangles du fusil ou de la caméra ; les manches sont retroussables à volonté.

De tous les vêtements authentiques, la saharienne reste aujourd'hui l'un des plus porteurs d'aventures, de fantasme. De l'écrivain Ernest Hemingway à Orson Welles et John Huston dans *les Racines du ciel*, ou Gregory Peck et Robert Preston dans *l'Affaire Macombie*, cette veste habille encore tout l'imaginaire aventurier du monde moderne.

Au cours des vingt dernières années, il n'est pas un créateur qui n'ait exploité les thèmes jungle et safari, sur les traces d'Yves Saint Laurent. Ce vêtement garde encore toute sa valeur authentique, même si on le rencontre plus souvent dans la jungle des villes que dans la brousse amazonienne ou le désert du Sahara.

Yves Saint Laurent

LA PANOPLIE CHANEL

Il y a le superflu et il y a l'accessoire. Mais il y a l'accessoire essentiel. Dans ce cas, il change de nom et prend celui de Chanel, car ce qui rend l'allure Chanel parfaitement reconnaissable, ce sont précisément tous ces accessoires. La sobriété, la netteté de ses ensembles, comme celles de ses petites robes noires, l'équilibre parfait

l'époux ou du protecteur n'étaient plus de mise. Chanel fit alors recopier de vrais bijoux – souvent les siens –, mariant grosses et petites pierres, les assemblant en sautoirs, mélangeant vrais et faux rangs de perles : tout un art fait d'ironie, d'humour et d'élégance. Ces bijoux, conçus pour être portés même le jour, et non pour être montrés, marquaient une rupture avec le passé, affirmant dans le même moment un nouveau style de vie.

Qu'il s'agisse des sacs capitonnés, portés sur l'épaule grâce à une chaîne dorée – « parce que j'étais excédée de perdre mes sacs portés à la main, j'y passais une lanière en bandoulière » –, des escarpins beige et noir amincissant le pied et le rendant plus élégant, des catogans et cloches de paille ou de feutre, tous complètent et soulignent l'allure Chanel.
Mais quand l'accessoire devient parfum, quand l'essentiel devient essence, quand le Chanel devient N° 5, alors il accède au mythe et devient parure de star.

de leurs détails, amenèrent inéluctablement Coco Chanel à créer des bijoux, des chapeaux, des sacs et des souliers. Le nécessaire à couture une fois sorti, il lui fallait s'occuper de l'accessoire. Ceci se passait après la guerre, à un moment où les vrais bijoux portés avec ostentation par des femmes faisant étalage de la fortune de

LE LUREX

Le Lurex répond à la fameuse prophétie d'Andy Warhol, qui annonçait, il y a quelques années : « Bientôt, chacun sera une star pour un quart d'heure. » Portée au quotidien, cette matière brillante, or ou argent, réservée il y a peu de temps encore aux soirs de fête, aux moments et aux êtres d'exception, permet à tout un chacun,

comme par un coup de baguette magique, de se vêtir d'un peu de poussière d'étoiles.

Le Lurex, c'est d'abord un terme générique issu d'une marque déposée par la société Sildorex. C'est ensuite une fibre sandwich : un film d'aluminium enfermé entre deux films de polyéthylène transparents ou pigmentés. Cette allusion ludique à la richesse a rehaussé de brillant la crise économique des années 70. Il reste aujourd'hui non seulement lié à la fête, comme en témoignent les collants en voile noir miroitant d'or ou d'argent, mais aussi au baroque extraverti des pull-overs de Dorothée Bis ou plus introverti des doublures de canadiennes de Jean-Paul Gaultier. Mais il est avant tout symbolisé par les apparitions de Nina Hagen habillée par Wolf Albrecht : tuniques en Lurex chocolat ou vert sapin, fourreaux découpant sur la peau nue leurs mailles noires et argent. Art subtil du mauvais goût chic, le Lurex peut se porter comme le plus brillant défi à toutes les grisailles.

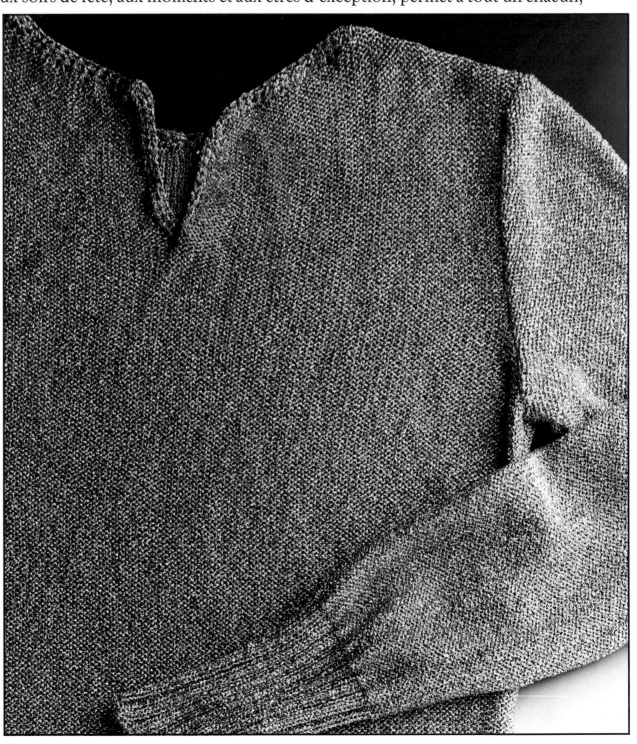

LE COLLANT

Pour la femme de 1960, les dessous se mettent, se portent, et s'enlèvent encore au pluriel. Balconnet, gaine, porte-jarretelles et bas ne sont jamais, malgré sa mort proclamée, qu'un corset coupé en morceaux. Cinq ans plus tard, un singulier dessous met fin au XIXe siècle de la lingerie : le collant, enveloppant le corps d'un film continu

de la pointe des pieds jusqu'à la taille, parfois accompagné d'un soutien-gorge de la même matière.

C'est la minijupe, en 1965, qui pose à sa créatrice le problème de la décence des dessous exhibés. Il faut remonter aux filles de Sparte, qu'Athènes appelait « celles qui montrent leurs cuisses », pour retrouver pareille impudeur. Mary Quant adapte alors les collants de danse appelés mitoufles. Ils vont devenir la première marque diffusée de bas-slip. En 1968, Dim popularise le « collant » en lançant ce nom et ce produit sur le marché ; le prix est imbattable : cinq francs, quatre fois moins

cher que le mitoufle.

La révolution des collants n'aurait pu se réaliser sans les progrès de la technique. Dès 1955, l'industrie réussit à fabriquer des bas sans couture. Les recherches constantes en matière synthétique permettent aussi d'assurer la solidité des plus fins deniers. Un collant pèse moins de cent grammes, utilisant douze kilomètres de fil de nylon. Quelques grammes de nylon, forts de leur légèreté et de leur invisibilité qui font le pas libre et alerte.

Mais simplicité cousine parfois avec austérité et pratique avec prosaïque. Le collant des années 80, après avoir habillé deux décennies de jambes libérées, renouent avec la séduction et s'habillent eux-mêmes, grâce à des créateurs comme Chantal Thomass, de motifs et de brillance. Les jambes rentrent dans la danse.

Chantal Thomass

LE KILT

Comment un vêtement, emblème du charme discret de la bourgeoisie de Neuilly et de Passy, a-t-il pu être récupéré par de farouches guerriers écossais arborant moustaches et cornemuses ? Cela frise l'inconvenance. A moins que ça n'ait été l'inverse, ce qui n'est pas moins incongru. Très au fait de ce qui se fait et ne se fait pas,

les élégantes en kilt ont soigneusement gommé tout ce qui pouvait évoquer la robuste origine de ce vêtement, en l'associant à un twin-set de cachemire, un foulard Hermès ou un collier de perles.

Il faut avouer qu'après l'exubérance du style baba - cool, des années 70, il était inévitable de revenir à plus de sagesse, voire de conformisme.

Mais ce nouveau chic - classique se teinte d'humour et se joue souvent de lui-même : porter un kilt avec un Perfecto n'a rien de déplacé, tant il est vrai qu'humour peut rimer avec vêtements de toujours. Si bien qu'on préférera les vrais

kilts, c'est-à-dire les clans d'origine, qu'on trouve dans les temples de la consommation british : Old england, Scotch House... Car c'est en Ecosse, au XVIIe siècle, que le kilt est porté comme un grand manteau rectangulaire, tissé en quadrillage de couleurs propres à chaque clan de la noblesse : son blason en quelque sorte. On enroulait ce plaid autour de la taille, comme une jupe portefeuille, l'extrémité de l'étoffe rejetée sur l'épaule. En 1720 un industriel écossais coupe en deux le plaid : le premier morceau devient une jupe courte fermée d'une broche : le kilt, et l'autre morceau sert d'écharpe. Les coloris et les dessins désignent très subtilement la hiérarchie de pouvoir de chacun des clans. Si bien que la famille royale d'Angleterre ne dérogera pas en ayant le sien propre : le prince Albert, mari de la reine Victoria, popularisera le kilt en créant son propre clan, Balmoral, qu'il porte dans son château écossais. Une tradition à laquelle sacrifie encore aujourd'hui le prince Charles.

LE TWIN-SET

Pour faire simple, il faut parfois faire double. Né dans les années 30 de la tendance, inaugurée par Chanel et Patou, à dessiner une silhouette féminine moderne, désencombrée de ses falbalas, le twin-set, sous ses airs tranquilles, n'en est pas à un paradoxe près. Voilà un ensemble qui se fait appeler du nom anglais de « jumeau »

alors que les deux pulls qui le composent – un sweater à manches courtes et un cardigan boutonné – sont en fait des cousins. Et qui, affichant une élégance de bon ton, ne dédaignent pas le jeu de cache-cache des bras nus et d'une poitrine discrètement moulée sous le pudique cardigan.

La silhouette de Suzanne Lenglen sur les courts de tennis, habillée par Jean Patou d'un cardigan blanc sur une chemisette stricte, avait symbolisé avec succès cette image de femme moderne. La vogue, à partir des années 50, des twin-sets luxueux en cachemire ou, plus abordables, en lambswool, relève davantage de la panoplie bon chic, bon genre chère à Neuilly, Passy ou Auteuil. Dès sa naissance, d'ailleurs, le cardigan recevait ses lettres de noblesse. Car c'est le très honorable lord Cardigan, septième du nom, qui en 1890 donna son nom à ce vêtement. Sa veste militaire, déchiquetée par la mitraille, fut prestement retaillée par une cantinière qui en coupa les revers, permettant à son propriétaire de conserver dignement sa place à la tête de son régiment. Avec un sens inné du confort élégant, lord Cardigan, fit fabriquer, après la bataille, quatre ou cinq copies de cette veste, dans les meilleures laines écossaises.

Version moderne du sweat-look, le cardigan d'Agnès B a remplacé le boutonnage par les grippers. Ce vêtement souple, en coton velours, est vite devenu un classique chez les jeunes filles modernes qui ont fait de cette petite veste, à l'origine militaire, leur uniforme de lycéennes.

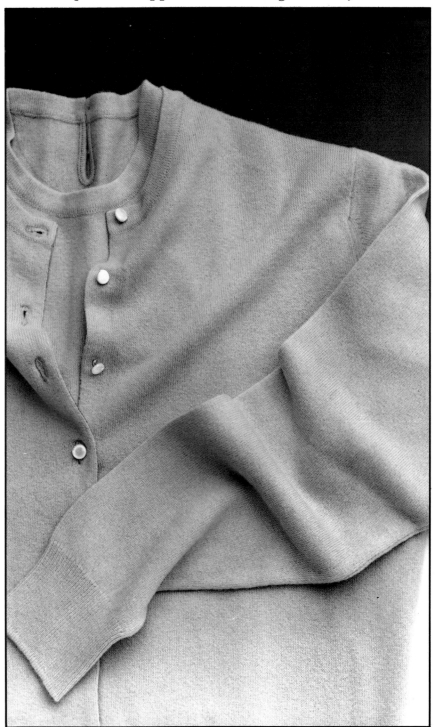

LA COMBINAISON

Dentelles pour l'une, rusticité solide pour l'autre, la combinaison au féminin et au masculin évoquait traditionnellement en un même mot deux univers bien différents – même s'ils étaient souvent destinés à se combiner. La combinaison d'homme était reconnaissable en ce qu'elle lui servait généralement à se protéger de

certains éléments hostiles – eau, froid, huile de vidange et travail à la chaîne. Les vaillants travailleurs avaient hérité des non moins valeureux pilotes américains l'*overall*, ce « couvre-tout » qui allait devenir l'uniforme ouvrier. Prolétaires de tous les pays, unissez-vous... Ainsi fut-il fait pour la combinaison qui devient une véritable internationale vestimentaire. La civilisation du travail déclinant au profit, dit-on, de celle des loisirs, la combinaison se portera alors dans les activités de détente – d'où tout effort n'est pas absent, comme le bricolage ou le sport.

Le style fonctionnel devient alors signe de modernité pour les jeunes créateurs : Michèle Rosier, en 1965, crée des combinaisons de ski en nylon plume, mais propose aussi des combinaisons en Lurex pour briller le soir. Juste retour des choses, la Shell lui demandera de créer, pour ses pompistes, des combinaisons jaune et rouge.

La génération suivante pousse encore plus loin la tendance : le vêtement fonctionnel devient hyper-sophistiqué. Thierry Mugler présente des Barbarella de science-fiction en combinaison argentée. A l'inverse, les Girbaud détournent les combinaisons des plates-formes off shore pour présenter une collection pure et dure. Revenant au style simplifié, naturel et décontracté, un fabricant du Sentier crée, en 1982, une combinaison en une seule forme et de taille unique. Le grand méchant look Naf Naf est dû en fait à une erreur de manipulation. Une combinaison sort malencontrueusement froissée d'une machine à laver. « Génial, dit un client, mettez donc un tampon Naf Naf sur ce modèle, qu'on sache où vous trouver ! » Succès éclair et vente d'un million de pièces. Les frères Pariente durent changer de rythme pour s'adapter à une fabrication industrielle : ils emploient aujourd'hui plus de huit cents personnes dans sept usines, vendent 300 000 combinaisons par an, exportant 45 p. 100 de leur production. Née d'un hasard heureux, une véritable combinaison gagnante.

Naf Naf

LA CANADIENNE

Tout dans l'apparence extérieure de cette veste indique qu'elle est faite pour la vie rude du forestier. Vent, bourrasques, neige, rien ne pourrait entamer la robustesse de cette protection de toile, en sergé marron épais et rigide comme une peau non traitée, aux boutons de cuir, aux poches fendues terminées par des arrêtoirs

triangulaires également en cuir, aux manches à pattes boutonnées et à la ceinture fermée par une boucle d'acier.

Pourtant, la fourrure épaisse remontant sur le col, l'intérieur doublé de peau de mouton retournée tendraient à faire penser que l'homme qui porte la veste, derrière des dehors rudes, aime la chaleur et le confort douillet.

Autrefois habituée des catalogues de vente par correspondance, vêtement des plus communs dans la France rurale d'après guerre, la canadienne habillait indistinctement le chasseur et le garde-chasse, le cantonnier et le contremaître, le cycliste et le piéton. Jean Gabin l'avait immortalisée dans *la Traversée de Paris*, et depuis l'occupation il collait à cette veste une image de temps difficiles et de restrictions. Il a fallu qu'elle tombe dans l'oubli, victime de l'expansion et de la société de consommation pour qu'elle renaisse. Elle se fit tellement oublier qu'on la redécouvrit, vingt ans plus tard, toute nouvelle, avec ses qualités. Cette allure mâle et tendre, rigide et douillette, mariant le cuir et la toile, le cuir et la fourrure, ces matières simples et tranchées emballèrent les jeunes créateurs.

Juste retour de notoriété pour ce vieux classique de notre patrimoine, dont le souvenir ne méritait pas de se perdre dans les bois.

LES CHAUSSURES WESTON

Comme leur nom de l'indique pas, les chaussures Weston ont été créées à Limoges par Eugène Blanchard. J.-M. Weston n'a jamais existé que dans l'imagination de cet homme qui avait compris que bottier marchait de pair avec chic anglais. A juste raison, puisque l'anglomanie de sa riche clientèle situait ce bottier à Bond Street,

renommée de la maison Weston. Le savoir-faire et la qualité des matériaux y sont remarquables. Il faut la main du couseur, protégée par une large bande de peau brute, la « manille », tirant des dizaines et des dizaines de fois le fil gangué de poix, pour réaliser ces simples derbys. Les matières de base, box-calf, chameau, voire requin, inusables, sont toujours façonnées à l'ancienne. Elles séjournent près d'un an dans des bains d'écorce de chêne pour préserver la qualité des semelles. Mais le sérieux apporté à la fabrication ne serait rien sans le souci accordé au confort. Ainsi, chaque pointure ou demi-pointure offre une gamme de cinq largeurs. Les Weston sont enfin « bichonnées », terme authentique de la finition obtenue par la patine de cire d'abeille pure. Comment ne se sentirait-on pas vivre sur un grand pied dans ces merveilles, dignes des plus grands bottiers d'autrefois ?

rue élégante de Londres… jusqu'à la mise au point récente de la presse. Le comble du snobisme veut que les chaussures soient référencées sous un numéro qui devint, sans parti pris politique, le modèle Giscard pour le numéro 579, et le Mitterrand pour le numéro 139. Mais ce n'est pas la seule notoriété de ses clients qui fait la

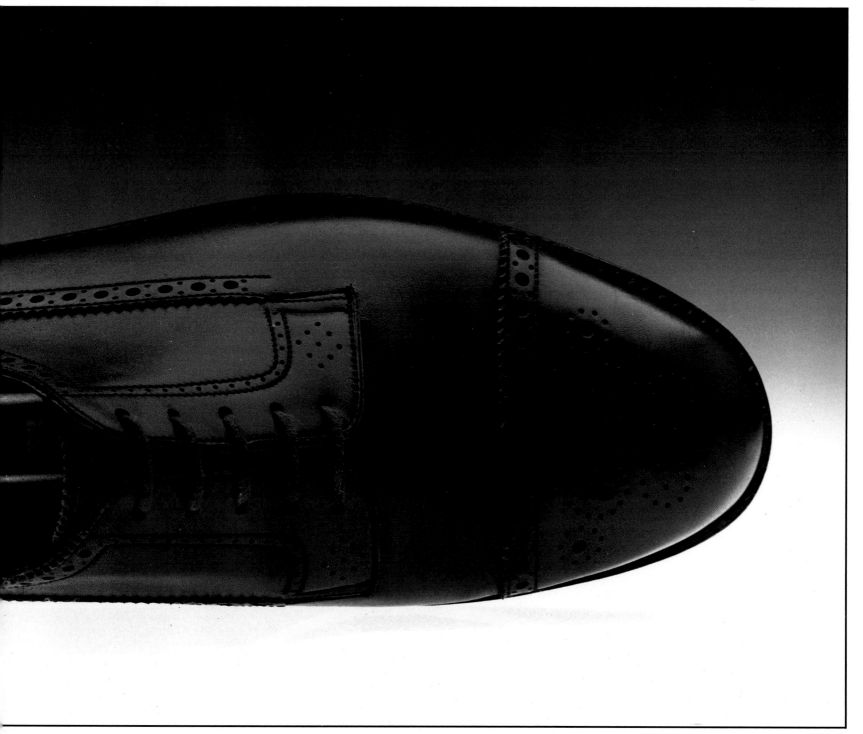

LE SURVÊTEMENT

Au temps des salles de gym, des après-midi de plein air et des cours d'éducation physique, le survêtement était noir ou bleu, s'enfilait par-dessus short et maillot, avait pour fonction de protéger du froid, d'absorber la transpiration de l'effort, et finissait immanquablement en boule dans le sac de gym. Associé aux courbatures,

aux claquages et à l'atmosphère des vestiaires bruyants, il aurait pu traverser des décennies scolaires dans ce rôle obscur si les années 80 ne lui avaient conféré une gloire inédite en le lançant par les rues et les parcs publics. Pour les citadins en mal d'évasion, sédentaires assoiffés d'activité physique, les quadragénaires soucieux de leur ligne, les militants recentrés sur l'effort, les golden boys avides de compétition, les années 80 vont connaître un séisme des comportements. Le groupe cède la place à l'individu et le corps devient le mètre étalon de ce mode de vie à l'échelle de la planète. Le coureur à pied autrefois condamné à la solitude devient jogger individualiste et performant,

et le survêtement s'appelle désormais « jogging ». Cette enveloppe informelle, en jersey de cotton gratté, chaud, isolant, indéformable, va s'imposer tout naturellement. Activité confidentielle dans un premier temps, exercée individuellement ou dans un petit groupe sportif, le jogging aussi a voulu devenir sport de compétition. Si les premiers marathons de New York, de Paris, attirent les coureurs par milliers et créent le spectacle, ils suscitent l'intérêt et les intérêts. Car le sport est devenu enjeu commercial. La mondialisation du sport a fait du survêt à vivre, avec le jean et le tee-shirt, un vêtement universel. Habituellement uni, le haut – « sweat » – peut être porteur de divers messages, emblèmes, dessins. Et ce vêtement hors mode s'adapte en fait à toutes les modes, à tous les styles de vie : marcher, courir, flâner, dormir, manger... et même séduire.

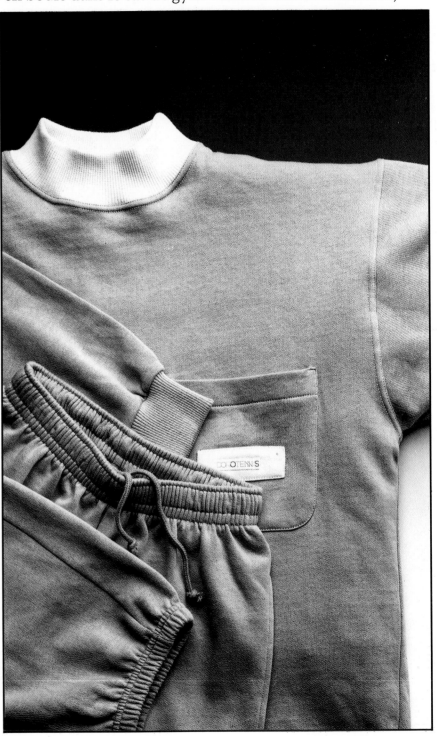

Dorotennis

LA DOUDOUNE

Réponse des frileux aux frimas, la doudoune, en piste depuis une bonne décennie, a eu quelques hivers d'avance sur le cocooning. Il faut dire que c'est plus qu'une seconde peau ; c'est une seconde maison, une véritable combinaison de cosmonaute, un cocon matelassé dans lequel on se sent parfaitement protégé. La doudoune a

remplacé en quelques années l'anorak et a fait du même coup oublier un mot qui témoigne de son origine nordique, eskimau plus précisément. Au départ en effet, la parka, l'anorak, l'amaut constituaient une série de vêtements en peau de phoque, pourvus d'un capuchon, voire d'un second chez les femmes pour transporter un bébé. Par contre, l'anorak contemporain est, à l'origine, taillé dans un coton léger ou dans la soie. Rembourré, imperméable, il sert de coupe-vent. Sa vogue se répand chez les adeptes du ski, de la voile, de l'escalade car il recouvre parfaitement les hanches, serre les poignets et s'ajuste par des systèmes coulissants aux épaisseurs variables des chemises et des pull-overs. Légère, chaude, protectrice et colorée, mode de vie à elle seule, cette enveloppe de duvet s'est généralisée aux hivers citadins. Cocon des villes, elle sera bientôt chrysalide des neiges : les fabricants mettent au point des matières transparentes, qui devraient permettre de skier sans se priver de soleil.

Moncler

LA SALOPETTE

Exaspéré d'entendre inlassablement son beau-père charpentier pester sur les chantiers à la recherche de son mètre pliant, Adolphe Lafont eut l'idée de fabriquer, au milieu du XIXᵉ siècle, la fameuse poche-mètre sur la ceinture du pantalon : prélude à la salopette multipoches. Ce vêtement de travail est aujourd'hui une cotte à

bretelles réglables par boucles brevetées, avec une série de poches dont la fonction est directement liée à l'usage.

A la mort prématurée du père fondateur, le fils, prénommé lui aussi Adolphe, va assurer la pérennité de la marque. Il voulait être médecin, ce qui explique sans doute son souci d'améliorer le confort des ouvriers. En 1896, il lui vient l'idée de mettre son nom sur les vêtements de travail.

« Ainsi, pense-t-il, à l'usine, sur les chantiers, si les ouvriers sont satisfaits, ils se souviendront de moi. » Ce sens prémonitoire de la communication de masse va dépasser toutes ses espérances : dès 1975, ce ne sont plus seulement les ouvriers qui portent de l'Adolphe Lafont... mais les Américains « branchés » ayant découvert sur la couverture de *Vogue* les fameuses salopettes, teintes en couleurs vives.

Il est vrai qu'à cette époque, l'esprit high tech s'impose aux USA et en Europe : réappropriation des objets industriels et souci d'efficacité et de confort. Les créateurs d'avant-garde s'emparent de ce thème à la fin des années 70 et les salopettes d'Elisabeth de Senneville, directement issues du label Lafont, soulignent avec humour, dans leurs coloris fluorescents et leurs graphismes computer, la tendance high tech du moment.

Le détournement du vêtement de travail ne s'arrête pas au public du Palace ou des Bains-Douches. Il investit toute une philosophie des courants qui proclament par leurs vêtements, depuis la génération des jeans, que l'authenticité fonctionnelle prime sur le paraître et l'apparat. L'apogée de cet anticonformisme, hissé au rang de discours politique, sera l'image de Coluche dans sa fausse campagne présidentielle, vêtu d'une salopette à rayures... de marque américaine, celle-là !

Adolphe Lafont

LA CHAUSSURE DE SPORT

Il y a vingt-cinq ans, les chaussures toile et caoutchouc s'appelaient des tennis ; elles étaient réservées aux activités sportives. Et pourtant les « Mousquetaires » Cochet, Borotra, Lacoste n'avaient connu a leur début que les espadrilles de corde bricolées avec des lacets. C'est en 1932 que l'industrie adapte à la chaussure de sport la

technique de la vulcanisation pour créer des semelles en gomme de caoutchouc. Seules les chaussures en cuir se portaient en ville avant que, dans les années 50-60, cette technologie nouvelle ne rencontre l'évolution des mœurs. Toute une génération découvre alors les jeans et se déplace en chaussures de sport sur les campus comme sur les trottoirs. Symbole même de ce « basket trottoir », le modèle « Stan Smith », chez Adidas, s'est vendu à vingt millions d'exemplaires depuis 1970.

Trois marques rivalisent sur cet immense marché : Nike, Adidas, Reebok. La course au podium permet à ces trois géants de s'appuyer sur un formidable relais médiatique. A cheville basse ou montante, leurs baskets rivalisent de confort avec leurs semelles à coussin d'air, leurs tiges souples et résistantes, leurs bourrelets fonctionnels, leur système de ganses élastiques.

« Bête comme ses pieds » est ainsi une expression à oublier. Le modèle Adidas, qui vante sa barre de torsion permettant de dissocier le mouvement arrière et avant du pied, son stabilisateur-talon en polyuréthane, son gainage anti-pronation, sa semelle running et son intercalaire pyrolithe, est un prodige de technique avancée. Avec la puce électronique incorporée permettant au marathonien d'étudier ses performances, la basket a désormais un pied dans l'avenir.

Adidas

69

LES SANTIAGS

Quand un président, en selle à la tête des Etats-Unis pour quelques années, peut affronter les rodéos politiques avec, aux pieds, les mêmes chaussures que celles dont il a éperonné son cheval au cinéma, on peut être sûr que cette chaussure a fait la preuve de sa résistance et qu'elle n'est pas entrée dans la mythologie par hasard. Ronald

Reagan, qui possède une trentaine de paires de santiags, ne s'y est pas trompé. Et pour tous ceux qui fréquentent les surplus américains et les Western House, elles constituent une véritable dévotion à la mythologie du cow-boy américain. Elles ont chaussé les pionniers anonymes des origines du Texas, au siècle dernier, tout autant que l'homme de la légende, Buffalo Bill, les acteurs spécialisés de Hollywood – de Tom Mix à Gary Cooper et John Wayne –, au même titre que les champions du rodéo ou les camionneurs solitaires de la transaméricaine.

Aujourd'hui, chez les meilleurs bottiers spécialisés américains, on a le choix entre neuf coupes de talons, six formes de pointes, quatre découpes de tiges, six modèles de surpiqûres et huit tailles dans la largeur, dans une variété de peaux et de coloris qui font de la botte américaine la Rolls de la chaussure.

Mais, quand on enfile ces merveilles de confort, on ne peut oublier qu'elles étaient faites au départ pour des hommes qui montaient à cheval toute la journée.

Il s'agissait d'objets fonctionnels dont le mariage à la fin du XIXe siècle avec le Levi's, tout aussi fonctionnel, n'est pas un hasard. Si elles sont effilées c'est pour faciliter leur entrée dans les étriers. Leurs longues tiges doivent protéger la jambe des frottements des étrivières. Quant aux talons taillés en biseau et aux renforts de semelle en acier, ils permettent de mieux s'enfoncer dans le sol quand on doit résister à la force d'une bête prise au lasso. En jean et santiags, les cow-boys des villes peuvent affronter l'asphalte des trottoirs en toute sécurité.

Western House

LE PULL-PAYSAGE

Autrefois réservé au savoir-faire des ménagères tricoteuses qui, économie oblige, récupéraient des restes de laine sous prétexte de motifs décoratifs, le pull décoré est devenu, au début des années 80, le support d'une expression graphique échevelée, géométrique et figurative, paysages naïfs et dessins animaliers, citations de BD ou scènes

de fiction. Tous les genres élisent domicile dans ce musée permanent et tous les créateurs de la décennie en ont joué.

Mais ce sont d'abord les Italiens, maîtres en sciences de la maille, qui ont su défier les habitudes techniques des métiers à tricoter, limités aux motifs précis et répétitifs. Ainsi, Missoni, virtuose de la couleur et du graphisme, sut mélanger avant-gardisme et préciosité. Puis vinrent Claude Montana avec de grands motifs aux coloris sombres et profonds, dans son style très architecturé ; Jean-Charles de Castelbajac, avec sa ligne « Iceberg » et ses graphismes géants ; Kenzo et ses bouquets de fleurs issus de son folklore imaginaire, où couleurs et motifs vibrent en alternance.

Pour offrir un espace à ces explosions bigarrées, les formes frôlent souvent la démesure. Les pulls-paysages-tableaux débordent la ligne du corps pour déployer le décor, et les matières de ces tricots se font volumes, architecture, espace.

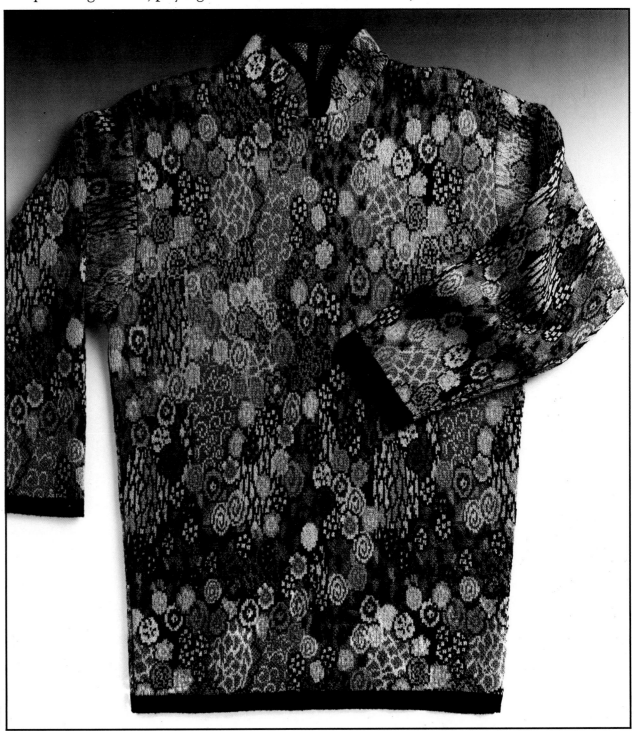

Kenzo

LES LUNETTES

L'humanité s'est longtemps partagée entre ceux qui portaient des lunettes et ceux qui n'en portaient encore pas. Aujourd'hui on peut porter des lunettes sans y être contraint et l'objet a perdu son caractère humiliant qu'il avait auparavant. D'ailleurs le langage ne fait pas la différence : elles s'appellent toutes lunettes, qu'elles soient de

les transformant en papillon, en colombe roucoulante, ou autre volatile. A l'image de Peggy Guggenheim avec ses lunettes baroques à Venise répondait le trait caustique du dessinateur Steinberg affublant chaque Américain d'une paire de lunettes extravagante.

Cet exhibitionnisme ne pouvait que provoquer une réaction puritaine comme celle des adeptes de la lentille, un artifice honteux et clandestin pour se dérober à l'emploi de lunettes.

Pourtant ce ne sont plus les instruments de torture du nez qu'elles étaient autrefois. Elles font appel aux matériaux nouveaux, de grands designers en font leur sujet d'études, des couturiers proposent leur ligne. Elles ont enfin quitté le terrain ophtalmologique pour rejoindre d'autres terrains plus ludiques, les plages ensoleillées et les pistes de ski.

Ainsi, un certain Roger Pouilloux voyait loin quand il eut l'idée d'associer le champion olympique Jean Vuarnet à ses lunettes. Il n'était lui-même ni champion sportif ni designer

professionnel. Sa fierté c'était l'optique. Les verres qu'il met au point à la fin des années 50, les Skylinx, sont le résultat de patientes recherches menées dans son arrière-boutique. Ils permettaient de voir les bosses par temps de brouillard. En 1960, Jean Vuarnet est le meilleur à Squaw Valley, lunettes sur le nez. La renommée du champion et de ses Skylinx devenues Vuarnet sera mondiale et fera rimer optique et olympique. Slalomant en tête, elles distancent ses concurrentes, les Ray-Ban, associées à une victoire certes plus sérieuse mais plus ancienne : la guerre aérienne du Pacifique.

Vuarnet

correction ou de soleil, noires ou teintées, de femme ou d'homme, d'écaille ou de vulgaire laiton. Avant elles s'affublaient de noms impossibles, bésicles, lorgnons, binocles, pince-nez. Les Américains essayèrent bien de contrecarrer la tendance qu'avaient ces objets à n'être que des outils pour mieux voir en les noyant sous le décor,

LE CHAPEAU DE FEMME

Pour prouver qu'elles avaient aussi une tête, les femmes ont commencé un jour à la découvrir. Et, lasses d'être chapeautées, elles ont relégué aux oubliettes cet accessoire dont le port ne va cesser de décliner au fur et à mesure qu'elles grimperont crânement les échelons de la société. Jusqu'aux années 20, une femme bien née ne serait

jamais sortie sans chapeau. Être dans la rue « en cheveux » était totalement déplacé et incongru. Le style « garçonne », en introduisant la mode des cloches enfoncées jusqu'aux sourcils, va commencer à limiter la créativité des modistes. Le métier de modiste avait pris son essor à l'arrivée de la haute couture ; Caroline Reboux fut la première à s'installer rue de la Paix, en 1865. Son atelier a compté jusqu'à trois cents ouvrières. Les modistes, comme les couturières, répondaient alors à la demande d'une clientèle privée. Créer un chapeau s'apparentait à la sculpture d'une œuvre d'art.

La modiste réalisait d'abord une maquette en sparterie, sorte de canevas de paille qui, humidifié, pouvait être étiré et façonné en volume. Sur ce moule de base, on tendait ou on drapait les feutres, les pailles ou les étoffes. Enfin toutes sortes d'accessoires étaient disposés pour parfaire le décor : galons, fleurs, plumes, oiseaux, aigrettes...
Le vent de la liberté ayant beaucoup soufflé dans les chevelures, les femmes des années 80 ont retrouvé en toute sérénité le plaisir sophistiqué ou ludique du chapeau. Christian Lacroix leur offre ses somptueux feutres aux proportions baroques, ou ses tyroliens de couleurs vives. D'autres créateurs, tels que Philippe Model ou Marie Mercié, ont remis à l'honneur cet accessoire qui peut ponctuer avec grâce ou humour les i de la silhouette féminine.

Marie Mercié

LES MUST CARTIER

« Cartier est le roi des joailliers et le joaillier des princes », affirmait le prince de Galles, futur Edouard VII, qui commanda pour son couronnement en 1902 vingt-sept diadèmes à la célèbre maison parisienne. Elle obtint là son premier brevet royal, avant que le succès de ses « Must », portés au quotidien, ne la consacre. En 1847,

François Cartier crée l'enseigne qui porte encore son nom. Il bénéficie rapidement de l'appui impérial à la cour de Napoléon III. En soixante ans, la maison Cartier s'installe à Paris, Londres et New York, et ces trois sanctuaires de la joaillerie sont fréquentés par tous les grands de ce monde. En 1968, le P-DG de Silver Match présente à Cartier son briquet qu'il juge « beau et pur comme un temple grec ». Le succès de leur association est telle que la vénérable maison décide de s'ouvrir au monde en diffusant largement une nouvelle gamme de produits, les « Must Cartier ». Cinq mille points de vente sont ouverts dans cent vingt-sept pays en quelques années. Cette ligne nouvelle est inspirée du célébrissime triple anneau, fait de trois ors différents. Louis Cartier crée

cette fameuse bague en 1923 pour répondre à la demande en forme de poème paradoxal de Jean Cocteau, qui souhaitait « un bijou qui n'en soit pas un... entre chevalière et anneaux de Saturne », pour lui et son ami Radiguet. Les dix-huit carats des anneaux d'or blanc, jaune et rose prennent forme et vont jouir rapidement d'une gloire internationale. Ils seront à l'origine d'une déclinaison de bagues, de bracelets, boucles d'oreilles, boutons de manchette, briquets, stylos, montres, porte-clefs, pince-billets, coupe-cigare... qui deviennent les célèbres « Must », accessoires du devoir d'élégance. La fondation Cartier perpétue de façon contemporaine l'alliance entre art et culture, présentant ses expositions à un large public, et offrant son mécénat à de jeunes artistes. Tradition aristocratique oblige.

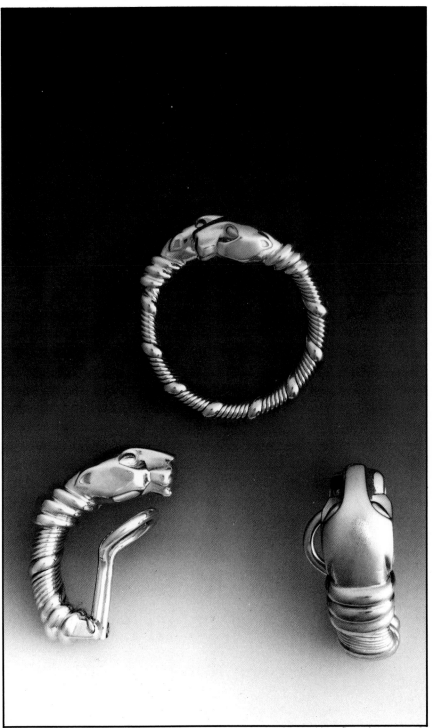

LE PORTE-JARRETELLES

On peut se demander si les corsets ne tombèrent pas avec la Bastille, puisque les Merveilleuses n'ont plus, sous la Convention, que leur chemise et leur jupon comme protection. Brèves années de liberté : l'Empire remettra bien vite à l'honneur la tyrannie du corset traditionnel. Il faut attendre Paul Poiret pour voir libérer à nouveau

le corps de la femme de tout cet attirail compliqué de poufs, tournures et faux-culs. En 1910 apparaît alors un accessoire de lingerie qui remplace le corset et tous ces postiches : le porte-jarretelles, simple bande étroite dont les rubans caoutchoutés permettent de tendre les bas.

Avant la découverte de la gomme de latex, au milieu du XIXe siècle, les jarretières, ces rubans d'étoffe noués, maintenaient les bas. Devenues objets de séduction, elles étaient décorées, brodées, et garnies de pierres précieuses. Chargées de symboles, elles restaient le dernier rempart de l'intime à ne pas dévoiler. La jarretière demeure aujourd'hui cet objet mythique qu'une femme porte le jour de ses noces. L'histoire des dessous féminins, plus que tout autre objet de mode, révèle les innombrables ressources du désir et de l'imaginaire. Au-delà de toute logique, elle

met au jour fantasmes et pulsions essentielles.
Au IXe siècle, déjà, le zona, ceinture placée sur les hanches, sans fonction précise, n'était abandonnée des jeunes filles que le jour de leurs noces, lorsque l'époux la dénouait. Poiret libérant le corps féminin, le corset disparaît, et avec lui toute une série de remparts à franchir, ces codes compliqués du jeu de la séduction. On peut imaginer le désarroi masculin devant cette révolution et l'apparition de dessous simplifiés. La naissance du porte-jarretelles avait marqué une étape décisive dans l'histoire de la conquête amoureuse... mais l'apparition du collant l'avait renvoyé aux oubliettes. Il revient aujourd'hui pour les femmes conscientes de leur liberté sachant jouer des divers registres de la séduction. Suivant la robe ou l'humeur, elles ne revêtent pas les mêmes sous-vêtements ; d'un collant neutre et asexué ou d'une lingerie soyeuse et fascinante, elles n'attendent pas les mêmes émotions.

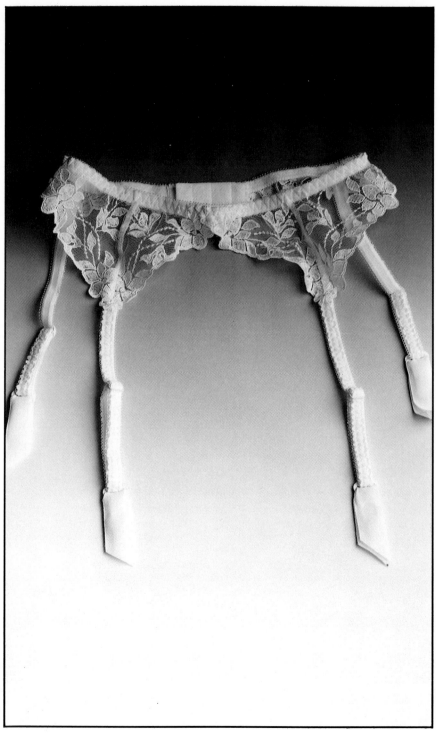

Lady

LE LYCRA

Nos années Lycra auraient sans doute fait le bonheur de Marilyn Monroe, elle qui, assure la chronique de Hollywood, ne trouvait jamais ses robes assez moulantes et les faisait parfois coudre à même le corps. Aujourd'hui, adieu pinces, découpes, fermetures à glissière ; la mode aime l'extensible avec intensité et s'est

emballée pour le Lycra, qui réussit le parfait miracle de souligner le corps tout en se faisant pratiquement oublier. Née il y a trente ans, cette fibre élastique a d'abord allégé la corsetterie, puis gagné le marché du maillot de bain et des fuseaux de ski. Elle a poursuivi ainsi sans histoires une carrière utilitaire pendant vingt ans. Il a fallu attendre 1984 pour qu'un jeune créateur, Marc Audibet, mêle Lycra, satin et soie dans un défilé de robes drapées, au galbe parfait, où le seul jeu de l'élasticité permettait des assymétries impeccables et des effets dignes d'un virtuose. Azzedine Alaïa, dès les saisons suivantes, exerce tout son talent, grâce à cette matière, sur de sublimes sculptures vivantes. Tous les créateurs, de Chantal Thomass à Roméo Gigli,

Christian Lacroix et surtout Jean-Paul Gaultier, mettent ce tissu magique sur le devant de la scène.

Miracle de la technologie liée à la dynamique de la création, le Lycra s'associe, invisible, à toutes les matières les plus fluides : soie, crêpe, et même tulle et dentelle. 2 à 4 p. 100 de Lycra mélangés aux fibres naturelles ou artificielles suffisent à souligner tous les galbes du corps. Ce fil peut s'étirer de quatre à cinq fois sa longueur et reprendre instantanément sa tension initiale. Elastique par nature, le Lycra sait s'adapter à tous les domaines du prêt-à-porter, du sport aux robes de fête. En cuissardes ou collant, il accompagne les tours de roue de la cycliste Jeannie Longo comme les tours de force de l'escaladeuse Isabelle Plassier ; il redonne une nouvelle existence à des classiques presque oubliés, comme l'indémodable « petite robe noire ». L'extensible, on le voit, a une carrière apparemment illimitée.

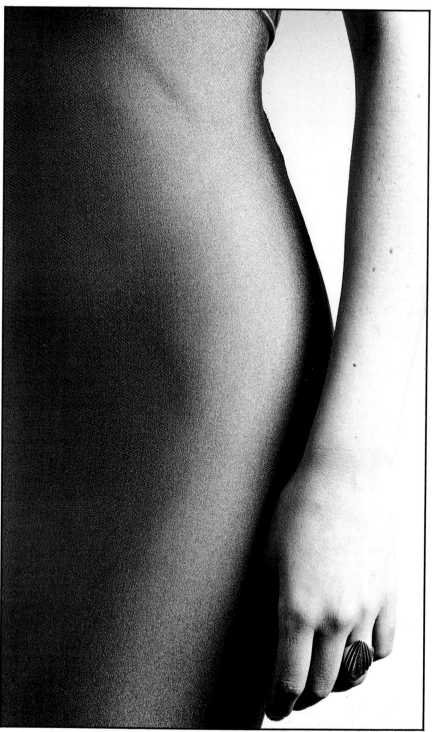

Nulle part ailleurs

LE K-WAY

Vêtement poids plume de 400 grammes, le K-Way se fait oublier autour de la taille par beau temps, retourné comme un gant, enfermé dans sa propre poche. En revanche, vite enfilé à la première pluie, il protège immédiatement tous les randonneurs, skieurs, surfeurs ou simples contemplateurs de la nature. Il fut inventé

au hasard d'une halte à la terrasse du Café de la Paix en 1965 par Léon Duhamel, observant les passants sous la pluie. Il dessine le croquis d'un vêtement tout simple, à capuche, non doublé, qu'on enfile comme un coupe-vent. Revenant dans son usine du nord de la France, qui fabrique avec une audience limitée des imperméables, il met en fabrication son idée qu'il appelle « En-cas »... de pluie. En un an, le succès dépasse les frontières et l'équipe décide, après mûre réflexion, de donner à cet objet un nom à consonance plus internationale... l'« en-cas-» devient K, et le mot Way sacrifie à l'anglicisme

ambiant. La route s'ouvre alors pour les K-Way qui vont s'exporter dans le monde entier : l'original qui s'enfile par la tête, comme son frère presque jumeau, qui s'ouvre complètement. En nylon enduit, le K-Way était bien un coupe-vent intégral... mais aussi un vrai sauna dans l'effort. Le K-Way aujourd'hui respire ; les micropores de sa nouvelle matière en font un vêtement tout confort, totalement imperméable à l'eau, mais qui laisse respirer le corps en mouvement.
Le nouveau style tonique de ses couleurs vives, ses bandes fluo, sa coupe nette et fonctionnelle en font un vêtement essentiel pour tous les amoureux des embruns, des longues marches, de la glisse sur la neige, ou du surf sur les vagues.
Lourde tâche pour cet « en-cas » devenu par sa légèreté et sa discrétion le compagnon le plus fidèle des efforts de chacun.

LA FAUSSE FOURRURE

La passion du faux, dans la mode, s'accommode fort bien de l'autre, celle de l'authenticité, et toute ressemblance avec des matières existantes pourrait n'être pas fortuite. Certes, quand l'industrie, en 1929, lance l'idée de la fausse fourrure, il s'agit moins d'imiter pour le plaisir, ou même de faire baisser le prix de revient, que de mettre

au point des matières en fibres naturelles, tissées, tuftées ou tricotées susceptibles de proposer la même protection qu'une vraie fourrure. A preuve, on commence par tisser de l'alpaga.

Mais, très vite, on se rend compte que le mélange entre les fibres naturelles et synthétiques permet de produire bon marché des tissus imitant parfaitement le vison ou la loutre.

Ces tissus peuvent aussi être teints ou imprimés. Intérêt économique, indéniable pour les consommateurs, conjugué au souci écologique de protection des espèces sauvages – mais surtout porte ouverte aux idées les plus folles. Du sérieux chic de Poppy Moreni à l'humour de Jean-Rémy Daumas et ses panthères jaune et noir, des pastels neigeux de Thierry Mugler aux manteaux nounours de Jean-Charles de Castelbajac, la fourrure cesse d'être un signe extérieur de richesse pour en manifester avec éclat et bonne humeur une autre, la richesse imaginative.

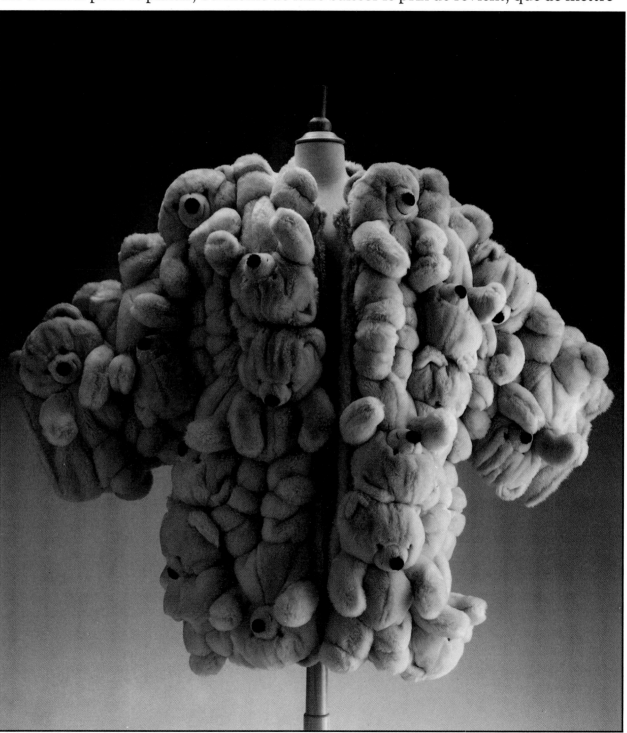

Jean-Charles de Castelbajac

LA SWATCH

Si Guillaume Tell est un symbole pour les Suisses, c'est parce qu'il possède deux qualités dans lesquelles se reconnaît tout un peuple ; l'attachement aux valeurs helvétiques et la précision, car la précision est, avant tout, suisse. A un point tel que ce pays régnera sans partage sur l'industrie horlogère, et que montre était devenue

puisqu'elle a été déclinée sur plus de cinq cents modèles –, constitue un concentré de rationalité technologique et de sophistication marketing. Vingt grammes d'essence de mode dont les éléments mécaniques réduits au strict minimum sont rivés et soudés entre eux aux ultrasons par des robots, vingt grammes de temps pour oublier le temps, et vivre dans l'instant en couleurs.

Ce sont deux ingénieurs suisses qui en ont eu l'idée. C'est le groupe SMH qui l'a mise au point et l'a testée dans l'univers américain le

plus impitoyable : à Dallas. Ce sont les meilleurs designers du monde entier qui concentrent sur elle le cœur des tendances de mode, des plus rigoristes aux plus baroques. Et ce sont enfin des peintres comme Kiki Picasso, Jean-Michel Folon ou Keith Haring qui s'en emparent pour en faire des œuvres à tirage limité. Elles sont transparentes ou sur fond de dentelle, elles ressemblent à un périscope ou se couvrent de fourrure, mais elles restent le parfait symbole du siècle puisqu'elles avouent deux rencontres contradictoires et essentielles de la mode : celle de la rigueur et de la folie, et celle de l'éternité et de l'instant.

synonyme de suisse. Jusqu'au jour où il fallut trouver la réplique à ces nouvelles mécaniques appelées montres, venues du Sud-Est asiatique. La réponse fut cinglante, même si elle emprunte à l'anglais une partie de son nom : « Swatch ». Assimilée à un nom commun, suprême hommage, la Swatch créée en 1983 – ou plutôt *les* Swatchs,

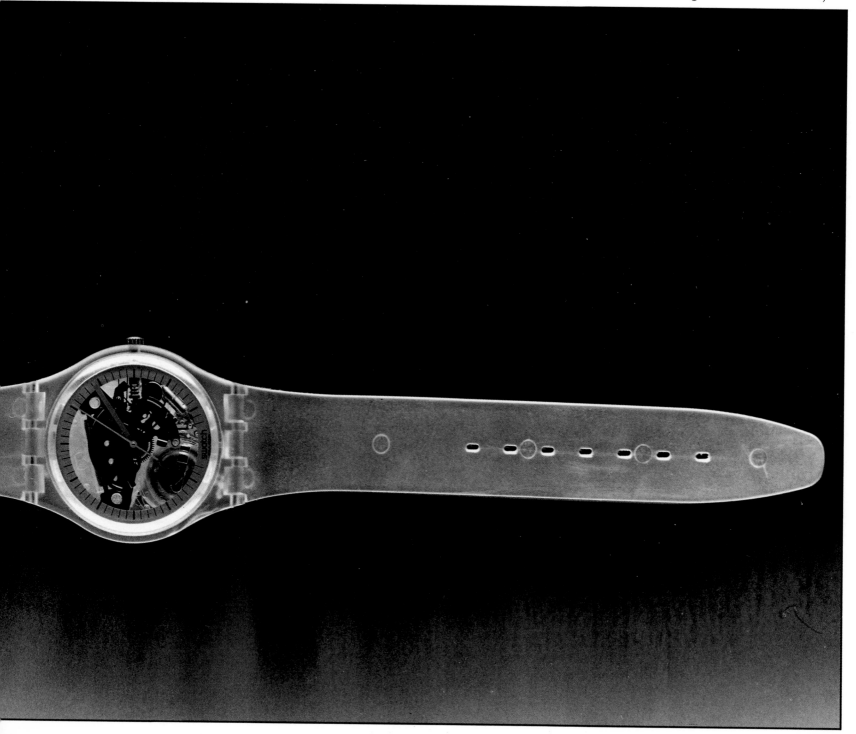

LES DOC MARTENS

Le bon docteur Martens, serment d'Hippocrate oblige, travaillait pour l'humanité. La semelle qu'il mit au point en 1945, il se devait de la proposer à ses contemporains – riches ou pauvres –, chacun devait bénéficier de son invention. Mais on n'est jamais prophète en son pays. En 1959, l'Anglais William Griggs acheta les droits de

fabrication. Si les chaussures soudain roulaient à gauche, elles n'en perdaient pas pour autant leur philosophie d'origine : servir le pied quel qu'il soit. Naturellement, ce n'est pas le même à Balmoral et à Liverpool. La famille royale, dans ses pompes, porte la version basse, avec tweed, jersey et Barbour, le skinhead la porte version urbaine, mi-voyou, mi-para, haute comme les rangers, noire comme leurs sentiments. La semelle fonctionnelle « est conçue pour ne pas déraper dans une flaque d'huile, de graisse ou de pétrole », comme l'indique le logo intégré. Rien d'étonnant, puisque le docteur Martens l'a mise au point après s'être cassé la jambe. Signes de ralliement des jeunes urbains en mal de reconnaissance, les Doc Martens sont passées à la postérité quand Elton John vendit aux enchères celles qu'il portait dans l'opéra rock *Tommy* au grand bonheur de ce collectionneur qui dut tout de même débourser cent seize mille francs pour « prendre son pied » chez Sotheby's.

LES DÉCENNIES
DE LA MODE

Les créateurs de génie du XXᵉ siècle ont plus marqué par un style révélateur de l'ensemble de leur talent, que par la création de tel ou tel objet-mode de définition précise. Aussi, en conclusion, avons-nous pensé nécessaire de situer le climat culturel permettant l'éclosion du style propre à chaque créateur-phare, décennie par décennie.

1910, Paul Poiret marque la fin de la Belle Époque et d'une mode somptueuse, élitiste, peu liée à la culture.

1920, Gabrielle Chanel pressent l'importance de l'émancipation de la femme sur son comportement vestimentaire.

1930, Elsa Schiaparelli interprète les contradictions d'un monde en pleine mutation, qu'illustre le surréalisme.

1947, Christian Dior sent d'instinct la nécessité pour la femme d'afficher la séduction, après les affres de la guerre.

1958, Yves Saint Laurent révèle la naissance de nouvelles structures, avec une ligne épurée et construite.

1965, André Courrèges projette l'image de la femme lunaire, prélude au monde futur.

1976, Jean-Paul Gaultier anticipe sur la remise en question des valeurs établies en détournant l'esthétique vestimentaire.

1987, Christian Lacroix, face à la nostalgie, provoque une explosion baroque faite de sensation et d'émotion, dans un monde en métamorphose.

Un Japonais, Yohji Yamamoto, exprime en parallèle le renouveau du vêtement par la rigueur et l'ascèse de sa création ; ce style minimal permet à chaque personnalité d'affirmer son identité.

Ainsi à l'orée de ce XXIᵉ siècle, l'Europe n'a plus l'apanage de la culture de mode. Le langage de ces objets de mode n'exprime-t-il pas l'essentiel de cet âge post-moderne à travers le jeu de ses tendances structurelles : l'essor néo-baroque fait de sensualité et de passion ; le minimalisme et son retour à l'essentiel, l'épure, l'ascèse ?

Paul Poiret marque la transition entre la Belle Époque qui soulignait la courbe en S du corps de la femme, inspirée des volutes de l'Art nouveau, et un retour aux normes classiques, à la simplicité du costume antique. Pour cela il supprime tous les artifices, poufs, faux-culs et même le corset.

L'ouverture à l'orientalisme ambiant, le succès des Ballets russes, son voyage à Moscou en 1911 inspirèrent à coup sûr les innovations en matière de style, de coloris, de motifs. Les audacieux dessins de Dufy servirent de base au nouveau style Poiret exotique, sans orientalisme excessif. Il est le premier à créer une robe comme une œuvre d'art. Dans tous ses liens avec l'avant-garde, il se considère comme un « confrère », comme un artiste à part entière.

Durant la période des Années folles, Gabrielle Chanel participe au mouvement d'émancipation de la femme et imagine pour elle un style nouveau, la garçonne, emprunté au titre du roman de Paul-Victor Margueritte, qui fit scandale à l'époque. Son entourage d'artistes et d'écrivains, de Diaghilev à Stravinski, de Max Jacob à Reverdy, de Juan Gris à Picasso, prône une recherche contestataire en art. Sa création est proche du cubisme.

Pour Chanel, la femme nouvelle porte des jupes courtes, une taille naturelle, une poitrine escamotée. Ses cheveux sont courts et gominés comme ceux des garçons, seuls les accroche-cœurs sur les tempes restent aguichants.

Durant les années 30, Elsa Schiaparelli se fait
l'interprète géniale des courants porteurs d'idées
nouvelles, celui des surréalistes en particulier.
Elle détourne le bon goût avec un talent
inimitable.

Pour elle, l'innovation en matière d'objets-mode
ne doit pas se limiter à la silhouette : les objets
comme les choses ne se réduisent pas à leur
apparence. Elle présente alors des robes et des
accessoires qui ont l'air d'un dessin d'artiste,
d'un meuble ou d'un « plat du jour ». Ses
chapeaux « côtelettes » ou « souliers », et ses
chandails « squelettes » en sont la parfaite
illustration.

Première créatrice à collaborer aussi directement
avec des artistes, Salvador Dali dessina pour elle
des poches en forme de tiroirs et peignit une
langouste garnie de persil sur une robe du soir.
C'est Léonor Fini qui conçut pour elle la
présentation de son célèbre parfum
« Shocking ».

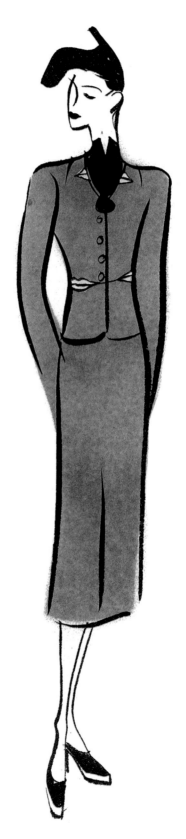

Au sortir de la guerre de 1940, l'instinct de
Christian Dior l'amène à habiller des
femmes-femmes, dans des robes corolles qui
s'opposent totalement à la femme-soldat, ou aux
vêtements asexués de la période de restriction. Il
fallait vingt mètres de lainage pour réaliser les
immenses jupes du new look. Ce style
correspond plus à une explosion de vitalité, à
une reprise en main du chic construit qu'à une
tendance liée aux mouvements artistiques
ambiants.
Si l'Occupation n'avait guère été créative, il
s'agissait surtout de revivre avec beauté et
élégance. Dior, en un jour, donnait un air
démodé à toute femme qui portait ses vieilleries
étriquées du temps de guerre.

A la mort subite de Christian Dior en 1957, un jeune homme timide fait son entrée dans l'histoire de la mode avec sa première collection « Trapèze ». Elle eut un succès immédiat. Cet homme sensible, fragile même, est à la mesure de l'événement qui le projette en quelques jours sur le devant de la scène. Très ouvert à tous les courants artistiques, Yves Saint Laurent présente cette ligne, en parfaite concordance avec la tendance abstraite qui règne en peinture à cette époque, avec l'architecture de Le Corbusier ou celle des parallélépipèdes de Park Avenue en construction à New York, au milieu des années 50. Il ne cessera d'être en harmonie avec la culture de son temps ; sa collection « Mondrian » s'impose quelques années plus tard. Cette rigueur lui permettra d'affiner la même blouse, le même smoking au cours de sa carrière, de travailler les vêtements les plus basiques et les plus authentiques, avec le talent que l'on sait.

La bombe Courrèges, en 1966, marque un tournant en correspondance avec l'émergence du XXe siècle. Avec sa « Moon-Girl », il démystifie l'image de l'homme marchant sur la lune : un objet-mode devient l'illustration d'un mythe et descend dans la rue. Ces vêtements sont magiques par leur simplicité, leur vérité, leur ligne sans aucune référence avec le passé. Cet ingénieur de formation ne peut que se sentir en parfaite concordance avec le mouvement *designer* qui atteint tout l'environnement. Les mobiliers en plastique moulé traduisent les multiples possibilités de ces nouveaux matériaux comme le sont ses tailleurs et ses robes en vinyl.

Depuis 1976, date de sa première collection, Jean-Paul Gaultier s'impose comme le créateur absolu de son époque. A un moment où toutes les valeurs établies sont remises en question, Jean-Paul Gaultier *réconcilie* les *ordres dissociés*, dans une esthétique hors des codes admis jusque-là, comme le paradoxe de son image androgyne, source d'une nouvelle séduction masculine. Ses vêtements font l'objet d'une multitude de lectures. Il associe des univers différents, tels que le rock et le chic, la brousse et la fête, le pauvre et le somptueux, le masculin et le féminin.

« Être modulable était l'idée sous-jacente à ma collection présentée en 1979, avec le thème High-Tech. » Ce mouvement, qui consiste à détourner les objets fonctionnels, envahit la philosophie esthétique de l'époque ; Beaubourg en est l'exemple-type. Si Jean-Paul Gaultier reste aujourd'hui l'un des plus grands créateurs, c'est bien parce qu'il relativise la valeur traditionnelle des objets dans des associations nouvelles, riches de valeurs sentimentales et créatives plus personnelles.

« Ma mode naît d'impressions et de sensations »,
affirme Christian Lacroix. Le 26 juillet 1987,
dans un tourbillon de bouillonnés, de poufs, de
broderies, de passementeries, de résilles, de
chapeaux hérissés de plumes d'oiseaux, le monde
de la mode, ébloui, assiste à sa première
collection baroque altière, richissime. La haute
couture, image divinisée, mais valeur refuge
associée au luxe extrême, glissait-elle vers un
déclin nostalgique ? A l'arrivée de Christian
Lacroix, le verdict de la presse internationale est
immédiat : « C'est la nouvelle couture », formule
du pape de la presse de mode, Fairchild. N'y
a-t-il pas dans cette explosion enchantée une
réponse à l'inquiétude de ce *monde en
métamorphose* ? Comme au XVIe siècle,
l'interrogation sur le futur demande une
expression foisonnante et complexe à travers
l'émotion, la sensation, le pathétique. Christian
Lacroix joue en virtuose de cette vitalité créative.

« La mode permet de s'exprimer sur les êtres humains, de dire ce que la peinture, la sculpture ou le cinéma ne peuvent pas dire » – ainsi s'exprime Yohji Yamamoto, le créateur japonais « minimaliste » des années 80. Né au pays du Soleil levant, aux antipodes des tendances éphémères de mode, ce créateur japonais, comme quelques autres, exprime la quintessence d'un renouveau par l'ascèse.

Pour lui, le but suprême de la mode est que le vêtement disparaisse au profit de la personnalité de celui qui le porte. Les coloris, pour ce faire, sont noirs, blancs, neutres. Pour lui, la couleur est un leurre, une illusion produite par les effets de lumière. La texture, par contre, est primordiale elle détermine la forme et la silhouette.

« Je travaille désormais des vêtements comme des objets, sans message, sans philosophie. Seul le tissu, l'instinct me font créer, évoluer. »

« La simplicité pour moi, n'est pas seulement minimaliste, elle est intelligente.

« Quand je vois des Américaines, des Européennes porter mes vêtements, elles s'amusent à les porter. La mode a besoin de ce genre d'esprit pour exister. »

Photocomposition : PFC, Dole
Photogravure : Fotimprim, Paris

Achevé d'imprimer
sur les presses de l'imprimerie
IME à Baume-les-Dames
en octobre 1989
N° impression : 7398